AF346670

DON

de l' [illegible]

LA SÉCURITÉ

DE

LA FRANCE

PUBLICATIONS DE LA SOCIÉTÉ DE L'HISTOIRE DE LA GUERRE

TROISIÈME SÉRIE

ANDRÉ HONNORAT

Sénateur, Ancien Ministre

UN DES PROBLÈMES DE LA PAIX

LA SÉCURITÉ
DE
LA FRANCE

TEXTES ET DOCUMENTS

PARIS

ALFRED COSTES, ÉDITEUR

8, RUE MONSIEUR-LE-PRINCE, 8

1923

AVERTISSEMENT

Puisque c'est devant l'opinion que les gouvernements ont cru devoir porter la discussion des contestations, qui se sont élevées entre eux sur les obligations réciproques que leur imposait l'exécution des clauses du traité de Versailles, peut-être est-il bon que l'opinion soit exactement avertie de l'origine de leurs divergences de vues.

La *Société de l'histoire de la Guerre* publiera, dans quelque temps, un recueil méthodique et critique de documents relatifs au problème des réparations, qui fera connaître les divers aspects qu'a présentés ce problème, depuis l'élaboration du traité de paix jusqu'à l'adoption de l'état de paiements du 5 mai 1921.

Il lui a paru que, préalablement à la publication de ce travail — dû à l'un des meilleurs collaborateurs de la *Bibliothèque* et du *Musée de la Guerre*, M. Germain Calmette, — il pouvait y avoir avantage à en publier un autre, sur le problème de la « sécurité », qui, à la longue, est devenu, pour beaucoup, plus obscur peut-être encore que le problème des réparations, et qui, quoique essentiellement distinct de celui-ci, n'en constitue pas moins un des éléments les plus importants du problème général de la paix (1).

Il ne s'agit pas, ici, de faire œuvre critique. Nous n'entendons pas nous substituer aux historiens qui voudront, demain, écrire cette page douloureuse de la ruine des espérances que tout un peuple et, derrière lui, tant de généreux esprits de tant de nations en Europe, avaient fondées sur les divers actes signés à Versailles entre les gouvernements alliés. Nous entendons seulement permettre à ceux qui, dès maintenant, voudront juger en toute conscience à qui incombe la responsabilité du trouble qui a suivi la ruine de ces espérances, de retrouver, chronologiquement et méthodiquement groupés, les documents essentiels de cette page d'histoire.

Rien de plus. Rien de moins.

Le lecteur dira si nous nous abusons en pensant que cette publication, quelque incomplète qu'elle soit, peut utilement éclairer, sur l'un des plus graves problèmes de l'heure présente, les hommes qui ont le devoir de guider l'opinion et de la prémunir, après tant d'amères déceptions, contre de nouvelles déceptions plus amères encore.

---

(1) C'est par les soins du service de documentation de la *Bibliothèque* et du *Musée de la Guerre* qu'ont été recherchés et groupés les documents qui composent ce recueil.

C'est, en tout cas, dans le seul espoir de leur faciliter cette tâche que nous livrons ce petit recueil au public.

S'il pouvait contribuer à éveiller, au delà de nos frontières, un sentiment plus net de certaines vérités, nos vœux seraient doublement exaucés. Car c'est plus encore à l'étranger qu'en France qu'on a lieu de mesurer l'étendue des dommages, qu'a causés au monde l'abandon des promesses qui lui avaient été faites, pour garantir, avec la sécurité de la France, la paix de l'Europe...

11 novembre 1923.

LE PACTE DE 1919
ET SON ÉCHEC

CHAPITRE PREMIER

LA SÉCURITÉ DE LA FRANCE
ET LES DÉBATS
DE LA CONFÉRENCE DE LA PAIX

Les débats de la Conférence de la Paix furent dominés par la préoccupation des négociateurs français d'assurer à leur pays la sécurité de sa frontière. C'est un des experts américains qui le déclare :

L'unique idée à laquelle toute la France officielle était attachée, c'était l'idée de la sécurité de la France en face de l'Allemagne... Il n'est pas difficile de critiquer le point de vue français. Il est plus difficile de ne pas éprouver de sympathie pour lui. Les Français n'abandonnèrent jamais leur point de vue, à Paris : on peut en trouver des traces dans le Traité, et même dans le Covenant; mais ils n'obtinrent jamais un appui décidé; car le monde dans son ensemble était d'avis différent et resta inconvaincu (1).

Comment les revendications françaises, malgré

---

(1) David Hunter Miller — The Making of the League, dans : *What really happened at Paris*, New-York, Scribners, 1921, in 8, p. 412-413. Miller était membre de la Délégation Américaine, et fut chargé de rediger le plan anglo-américain de « Ligue des Nations ».

les efforts de la délégation, se heurtèrent au refus des Anglo-Américains, ce sont les documents qui vont nous le dire :

I. — LE PACTE DE LA SOCIÉTÉ DES NATIONS

Lorsque la commission de la Conférence, chargée d'établir le projet de Société des nations, s'est réunie pour la première fois, le 3 février 1919, elle s'est trouvée en présence de deux plans :

un plan anglo-américain (Hurst-Miller),

un plan français (Bourgeois-Larnaude).

Entre autres différences, les deux projets procédaient de conceptions opposées en ce qui concerne les sanctions : le plan anglo-américain reposait sur l'idée d'un appel momentané aux forces nationales ; le plan français, sur l'organisation d'une force internationale permanente.

Le projet anglo américain.

Le 19 janvier 1919, au moment où M. Wilson mettait au point une version définitive (c'était la troisième) de son plan, le gouvernement anglais faisait connaître le sien. Or, bien que le président des États-Unis eût tenu compte, dans une large mesure, des suggestions du général Smuts, les deux plans présentaient encore des divergences assez sensibles. Il fut entendu que les conseillers juridiques des deux délégations travailleraient à les concilier. Ainsi fut établi par MM. Hurst et Miller un projet commun (1). Voici quelle forme ce

(1) Baker. — *Wilson and World Settlement*, New-York, Page, 1922, in-8, T. I, p. 213 et ss. donne le récit de ces tractations.

projet donnait aux sanctions, destinées à assurer l'exécution des décisions de la Société des nations, en cas de violation du Pacte :

Article 14. — Si l'une des Hautes Parties contractantes est reconnue coupable par la Société d'avoir enfreint ou *méconnu* ses conventions, définies par l'Article 10, elle sera considérée *ipso facto* comme ayant commis un acte de guerre contre tous les autres membres de la Société, qui rompront immédiatement toutes relations commerciales et financières avec elle, interdiront tout rapport entre leurs nationaux et les nationaux de l'État contrevenant, et s'opposeront autant qu'il leur sera possible, à tout rapport financier, commercial ou personnel entre les nationaux de l'État contrevenant et les nationaux de tout autre état, membre ou non de la Société.

Il appartiendra au Conseil exécutif, dans un cas semblable, de présenter des propositions au sujet des contingents, effectifs de terre ou de mer, que les membres de la Société devront fournir respectivement, en vue de la constitution des forces armées qui serviront à faire respecter les conventions de la Société.

Le projet français.

Le projet français prévoyait l'institution d'un Tribunal International, chargé de statuer sur les contestations et d'ordonner « les réparations et sanctions nécessaires ».

Le Tribunal devait être établi par « l'organisme international », c'est-à-dire par le Conseil de la Société.

Les sanctions prévues étaient d'ordre diplomatique, juridique et économique; mais elles étaient appuyées par une force internationale *capable d'en assurer l'exécution.*

I. FORCE INTERNATIONALE. — L'Exécution des sanctions militaires sur terre et sur mer est confiée, soit à un effectif international, soit à une ou à plusieurs puissances faisant partie de la « Société des nations » et ayant reçu mandat à cet effet.

L'organisme international dispose d'une force militaire, fournie pas les différents États adhérents, et suffisante pour :

1° Assurer l'exécution de ses décisions et de celles du Tribunal international ;

2° Maîtriser, le cas échéant, les forces qui pourraient être opposées à la Société des nations en cas de conflit armé.

II. EFFECTIFS DES CONTINGENTS INTERNATIONAUX. — L' « organisme international » détermine l'effectif de la force internationale et fixe les contingents qui doivent être tenus à sa disposition.

Chacun des États adhérents est libre de régler, comme il le juge à propos, les conditions dans lesquelles sera recruté son contingent...

III. SERVICE PERMANENT D'ÉTAT-MAJOR. — Un service permanent d'État-Major international est chargé de l'étude des questions militaires intéressant la Société des nations. Chaque État désigne le ou les officiers qui le représentent, suivant une proportion qui sera à déterminer.

Le Chef et les sous-chefs de ce service sont désignés pour une période de trois ans par l'« organisme international » sur une liste présentée par les États adhérents.

IV. Rôle du service permanent d'État-Major. — Le service permanent d'État Major international est chargé, sous le contrôle de l' « organisme international », de tout ce qui a trait à l'organisation des forces communes et à la conduite éventuelle des opérations militaires. Il a notamment pour mission d'inspecter les effectifs internationaux et les armements, d'accord avec les autorités militaires de chaque État, et de proposer les améliorations qui lui semblent nécessaires, tant dans l'organisation militaire internationale que dans la constitution, la composition et le recrutement des effectifs de chaque État.

L'État-Major rend compte, soit d'office, soit sur la demande de l' « organisme international » du résultat de ses inspections. L'instruction militaire est donnée, dans chaque État adhérent, conformément à des règles générales destinées à uniformiser, autant que possible, l'armement et les moyens d'action mis en œuvre par des troupes destinées à agir de concert.

L' « organisme international » est en droit, à tout moment, d'exiger que les États adhérents apportent dans leur recrutement national toutes les modifications dont la nécessité lui est signalée par le service d'État-Major.

V. Commandant en chef et chef d'État Major général. — Lorsque les circonstances l'exigent, l' « organisme international » désigne, pour la durée de l'opération à entreprendre, le Commandant en chef chargé de la direction des forces internationales.

Le Commandant en chef, dès sa nomination, choisit son Chef d'État-Major général et les officiers qui doivent l'assister.

Les pouvoirs du Commandant en chef et de son Chef d'État-Major général prennent fin, lorsque les circonstances permettent de ne plus redouter un conflit armé ou lorsque l'effet attendu des opérations militaires est atteint.

Dans les deux cas une décision de l' « organisme international » fixe la date à laquelle prennent fin les pouvoirs du Commandant en chef et de l'État-Major général (1).

C'est le projet anglo-américain qui a été adopté comme base de discussion (3 février). La thèse française n'a donc pu s'exprimer que sous forme d'amendements.

L'amendement français essentiel, présenté par M. Léon Bourgeois, le 14 février (veille du départ de M. Wilson pour les États-Unis), était ainsi conçu:

Amendement à l'Article 10 du Pacte :

Un organisme permanent sera institué, sous l'autorité du Conseil Exécutif, pour prévoir et préparer en temps utile les mesures militaires, navales et autres, propres à assurer l'exécution des obligations que la présente convention impose aux Hautes Parties contractantes; et pour en assurer l'efficacité immédiate dans tous les cas d'urgence.

(1) Résolutions adoptées par la Commission ministérielle française, 8 juin 1918. Cette Commission avait été instituée par M. Ribot, par arrêté du 22 juillet 1917. Elle comprenait, sous la présidence de M. Léon Bourgeois, l'amiral Lacaze MM. Jules Cambon, Lavisse, Hanotaux, Appell, d'Estournelles de Constant, Payelle, Louis Renault, André Weiss, de Margerie, Gout, Fromageot, Péan, Matter.

Pendant l'absence de M. Wilson (15 février-14 mars), la divergence des deux conceptions s'est affirmée davantage encore.

La délégation française était convaincue que le plan, tel qu'il avait été mis sur pied, ne donnait pas de garanties suffisantes pour la sécurité de la France.

Le président des États-Unis, de son côté, avait pu s'apercevoir, à Washington, que les républicains américains, qui disposaient d'ailleurs de la majorité au Sénat (1), critiquaient le projet parce qu'il liait, à leurs yeux, trop fortement l'Amérique à l'Europe. Ces critiques déterminaient un mouvement d'opinion qui n'était pas moins dangereux pour le parti démocrate que pour l'idéal wilsonien lui-même.

Aussi, à son retour en France, M. Wilson a-t-il fait des efforts pour modifier le projet, conformément aux critiques américaines. Le 10 et le 11 avril, les amendements français, venus en discussion, sont « réservés ». A la conférence plénière du 28 avril, M. Léon Bourgeois se contente de les évoquer de nouveau, sans pouvoir même songer à en demander une nouvelle discussion. En somme, la thèse française est abandonnée sur ce point. Dès ce moment, il est évident que ce n'est pas la Société des nations, telle qu'on se propose de la constituer, qui pourra assurer la sécurité de la France.

---

(1) Ils disposaient, en principe, de 49 voix contre 47. En fait, bien des démocrates n'ont pas suivi le président Wilson.

II. — *LA QUESTION DU RHIN*

Le 27 novembre 1918, puis le 10 janvier 1919, le maréchal Foch s'était préoccupé du danger que constituait pour la France une frontière ouverte; seule, la poitrine de ses soldats pouvait garantir cette frontière! Le maréchal avait adressé à M. Clemenceau deux notes où il exposait la nécessité :

1° De fixer au Rhin la frontière occidentale de l'Allemagne ;

2° De procéder à une occupation militaire interalliée de la rive gauche, en laissant d'ailleurs à ces pays une autonomie politique (mitigée par un régime douanier, qui les associerait aux pays occidentaux).

M. Clemenceau décida de soutenir ces idées : les lacunes du plan anglo-américain de Société des nations ne pouvaient que l'y inciter. C'est pour faire prévaloir ce point de vue qu'il fit alors rédiger par M. Tardieu, le 25 février 1919, un mémoire qui présentait l'ensemble du problème (1).

L'insuffisance du programme anglo-américain.

Cette sécurité totale, qui est indispensable et que ne peut donner dès maintenant ni la limitation de la force militaire allemande, ni le contrôle de cette limitation, pouvons-nous la trouver dans le Pacte de la Ligue des Nations, tel qu'il est présentement soumis à la Conférence?

Huit articles du projet du Pacte (art. 10 à 17) définissent les garanties assurées aux participants

(1) Tardieu. *La paix*. Paris, Payot, 1921, in-8, pp. 175-176.

contre une agression. On peut dire que ces garanties consistent dans un double intervalle de temps :

1° Le plus long possible entre la menace de guerre et l'acte de guerre (afin d'accroître les chances d'entente) ;

2° Le plus court possible entre l'acte de guerre et la décision par laquelle les membres de la Ligue apportent solidairement leur aide au pays attaqué.

Les choses étant ainsi, nous estimons que cette garantie n'est pas suffisante pour empêcher le renouvellement de ce qui s'est passé en 1914 : attaque brusquée dirigée par l'Allemagne contre la France et la Belgique, et invasion immédiate de leur territoire.

Il est donc permis de dire que le gouvernement français s'est décidé à soutenir le plan Foch, précisément parce que la garantie que lui offrait la Société des nations, dans l'article 14 du projet Hurst-Miller, était insignifiante. Ce n'est sans doute pas là le seul motif qui a déterminé son action, mais c'est un des éléments sur lesquels il a fondé sa conviction.

La revendication française (1).

I. — Dans l'intérêt général de la paix et pour assurer le jeu efficace des clauses constitutives de la Ligue des nations, la frontière occidentale de l'Allemagne est fixée au Rhin. En conséquence, l'Allemagne renonce à toute souveraineté sur. ainsi qu'à toute union douanière avec les territoires de l'ancien empire allemand situés sur la rive gauche du Rhin.

(1) Texte du 12 mars 1919. TARDIEU, *La paix*, p. 194.

II. — La ligne du Rhin sera occupée, en vertu d'un mandat de la Ligue des ations, par une force militaire interalliée.

La limite et les conditions d'occupation en territoire allemand des têtes de pont de Kehl, Mannheim, Mayence, Coblentz, Cologne et Dusseldorf, nécessaires à la sécurité des forces interalliées, seront arrêtées par le traité définitif de paix. Jusqu'à la signature dudit traité, les bases fixées à cet égard par l'armistice du 11 novembre 1918 demeureront en vigueur.

Dans une zone de 50 kilomètres à l'est de sa frontière occidentale, l'Allemagne ne pourra maintenir, ni établir, une fortification.

III. — Les territoires de la rive gauche du Rhin (Alsace-Lorraine exceptée) seront constitués en un ou plusieurs États indépendants, sous la protection de la Ligue des nations. Leurs frontières occidentales et méridionales seront fixées par le traité de paix. L'Allemagne s'engage à ne rien faire qui puisse entraver le ou les dits États dans l'accomplissement des devoirs et l'exercice des droits, qui résultent pour eux des causes et conditions de leur création.

IV. — Dans un délai d'un mois à dater de la signature des présents préliminaires de paix, les conditions générales d'évacuation des autorités administratives supérieures allemandes et prussiennes, actuellement en fonction sur la rive gauche du Rhin, seront fixées par un accord spécial entre les Puissances signataires et le gouvernement allemand.

V. — Dans un délai de deux mois, à dater de la signature des présents préliminaires de paix, un accord spécial entre les puissances signataires et le gouvernement allemand déterminera, sous la garantie de la Ligue des nations, les conditions générales de liquidation des intérêts économiques allemands sur la rive gauche du Rhin.

VI. — Le gouvernement allemand s'engage à assurer chaque année à l'État ou aux États indépendants. qui seraient créés sur la rive gauche du Rhin, la quantité de charbon nécessaire à leurs industries. Cette quantité sera portée au crédit de l'Allemagne, dans le compte général des réparations.

III. — *L'OFFRE DES « TRAITÉS DE GARANTIE »*

Les idées développées dans le mémoire Tardieu ont été exposées pour la première fois aux Anglo-Américains, d'une façon officielle, dans les conversations du 11-12 mars 1919. A ce moment, le président Wilson n'était pas encore revenu d'Amérique.

C'est le 14, dans l'après-midi, dès le retour du président, qu'a été faite, à l'instigation de M. Lloyd George (1), l'offre anglo-américaine de « Traité de Garantie ». En échange de cette proposition, les Alliés et associés nous demandaient de renoncer complètement à notre programme d'occupation militaire interalliée d'une Rhénanie indépendante.

M. Clemenceau n'a pas accepté cette substitution. Il a déclaré (mémoire du 17 mars) qu'il fallait combiner les deux systèmes. L'engagement anglo-amé-

______

(1) BAKER, *Ouv. cité*. p. 321. « It had already been worked out by the British » (Cela avait été déjà travaillé par les Anglais) et TARDIEU, *ouv. cité*, p. 228 M Wilson, dit-il, « s'associe à la proposition de M. Lloyd George ».

ricain ne pouvait pas nous suffire à lui seul. Il fallait, en outre, décider l'occupation interalliée des territoires rhénans, pour une durée de 15 ans, comme gage du paiement des réparations.

Voici le passage essentiel du mémoire du 17 mars :

Examen de la suggestion présentée par nos alliés le 14 mars 1919 (1).

1° La Suggestion présentée le 14 mars, et aux termes de laquelle la Grande-Bretagne et les Etats-Unis s'engageraient, dans le cas d'une agression de l'Allemagne, à apporter sans délai à la France le concours de leurs forces militaires, reconnaît que la France a besoin d'une garantie spéciale ; mais à la garantie *physique* réclamée par la France, elle en substitue une d'ordre *politique*, de nature à abréger, par un engagement positif, le temps qui s'écoulera entre la menace de guerre et la mise en commun des forces alliées.

Le Gouvernement français apprécie pleinement la haute valeur d'une telle garantie, qui apporterait une importante modification à la situation internationale ; mais cette garantie, pour être efficace, a besoin d'être complétée et précisée.

2° D'abord, il y aura toujours, vu les distances, une période où la France attaquée devra se défendre seule, sans ses alliés d'outre-mer : il faut qu'elle puisse le faire dans des conditions meilleures que par le passé.

D'autre part, il importe qu'il n'y ait aucun doute sur la substance et la portée de l'engagement, c'est-à-

(1) Tardieu. *La paix,* p. 198.

dire sur les obligations imposées à l'Allemagne, les moyens de contrôle y applicables, la définition de l'acte qui constituera la menace de guerre, le droit défensif qui en résultera pour la France, le *concours militaire* qu'il entraînera de la part de la Grande-Bretagne et des États-Unis.

3º En d'autres termes, pour que nous puissions envisager l'abandon de la première garantie (d'ordre matériel et fondée sur l'espace), il faudrait que la seconde garantie (fondée sur le temps c'est-à-dire sur l'aide rapide de nos alliés) ne prêtât à aucune incertitude et aussi qu'elle fût complétée par quelques autres sûretés empruntées au premier système.

Il n'est pas, en effet, possible à la France, en pareille matière, de renoncer pour des espérances à une sécurité positive.

Le débat dura jusqu'à la fin d'avril. M. Clemenceau finit par renoncer à la formation d'une Rhénanie indépendante; mais il fit décider que la rive gauche du Rhin serait occupée pendant quinze ans. C'est sur ces bases que l'accord fut conclu. Les deux traités de garantie furent signés le 28 juin 1919, en même temps que le Traité de Versailles. En voici le texte :

Traité
entre la France et les États-Unis d'Amérique
signé à Versailles le 28 juin 1919.

AIDE A DONNER A LA FRANCE
EN CAS D'AGRESSION ALLEMANDE NON PROVOQUÉE.

Considérant que les États-Unis d'Amérique et le Gouvernement de la République Française sont également animés du désir de maintenir la paix du monde, si heureusement restaurée par le Traité de paix, signé à Versailles, le 28 juin 1919, qui a mis fin à la guerre commencée par l'agression de l'Empire allemand et terminée par la défaite de cette puissance;

Considérant que les États-Unis d'Amérique et le Gouvernement de la République Française sont pleinement convaincus qu'un acte d'agression non provoqué, dirigé par l'Allemagne contre la France, ne violerait pas seulement tout à la fois la lettre et l'esprit du Traité de Versailles, auquel les États-Unis d'Amérique et la République Française sont parties, exposant ainsi de nouveau la France aux intolérables charges d'une guerre non provoquée, mais qu'une semblable agression de la part de l'Allemagne constituerait, et est réputée par le Traité de Versailles, un acte hostile contre toutes les puissances signataires du Traité et calculé pour troubler la paix du monde, en y entraînant inévitablement et directement les États de l'Europe et indirectement le monde entier, comme l'expérience l'a amplement et malheureusement démontré;

Considérant que les États Unis d'Amérique et le Gouvernement de la République Française appréhendent que les stipulations concernant la rive gauche du Rhin, et contenues dans ledit Traité de Versailles, peuvent ne pas assurer immédiatement à la France, d'une part, et d'autre part, aux États-Unis, comme une des puissances signataires du Traité de Versailles, une sécurité et une protection appropriées;

En conséquence, les États-Unis d'Amérique et le Gouvernement de la République Française ayant

décidé de conclure un Traité pour ces fins néces-
saires, Woodrow WILSON, Président des États-Unis
d'Amérique, et Robert LANSING, Secrétaire d'État des
États-Unis, spécialement autorisé à cet effet par le
Président des États-Unis, et Georges CLEMENCEAU,
Président du Conseil, Ministre de la guerre et
Stephen PICHON, Ministre des Affaires étrangères,
spécialement autorisés à cet effet par Raymond
POINCARÉ, Président de la République Française
sont tombés d'accord sur les dispositions ci-après :

Article Premier.

« Dans le cas où les stipulations suivantes, concernant la rive gauche du Rhin et contenues dans le
Traité de paix avec l'Allemagne signé à Versailles,
le 28 juin 1919, par les États-Unis d'Amérique et le
Gouvernement de la République Française ainsi que
par l'Empire Britannique entre autres puissances :

« Article 42. — Il est interdit à l'Allemagne de
maintenir ou de construire des fortifications, soit
sur la rive gauche du Rhin, soit sur la rive droite,
à l'ouest d'une ligne tracée à 50 kilomètres, à l'est
de ce fleuve. »

« Article 43. — Sont également interdits, dans
la zone définie à l'article 42, l'entretien ou le rassemblement de forces armées, soit à titre permanent, soit à titre temporaire, aussi bien que toutes
manœuvres militaires, de quelque nature qu'elles
soient, et le maintien de toutes facilités matérielles
de mobilisation. »

« Article 44. — Au cas où l'Allemagne contreviendrait, de quelque manière que ce soit, aux dis-

positions des articles 42 et 43, elle serait considérée comme commettant un acte hostile vis-à-vis des puissances signataires du présent traité, et comme cherchant à troubler la paix du monde. »

n'assureraient pas immédiatement à la France la sécurité et la protection appropriées, les Etats-Unis d'Amérique seront tenus de venir immédiatement à son aide dans le cas de tout acte non provoqué d'agression dirigé contre elle par l'Allemagne.

Article 2.

Le présent traité, conçu en termes analogues à ceux du traité conclu à la même date et aux mêmes fins entre la Grande-Bretagne et la République Française, traité dont une expédition est ci-annexée, n'entrera en vigueur qu'au moment où ce dernier sera ratifié.

Article 3.

Le présent traité devra être soumis au Conseil de la Société des nations et devra être reconnu par le Conseil, décidant, s'il y a lieu, à la majorité, comme un engagement conforme au Pacte de la Société ; il restera en vigueur jusqu'à ce que, sur la demande de l'une des parties audit traité, le Conseil décidant, s'il y a lieu, à la majorité, convienne que la Société elle-même assure une protection suffisante.

Article 4.

Le présent Traité sera, avant ratification, soumis aux Chambres françaises pour approbation. Il sera soumis au Sénat des États-Unis, en même temps que le traité de Versailles sera soumis au Sénat, pour avis et assentiment à la ratification. Les ratifications seront échangées lors du dépôt à Paris des ratifications du traité de Versailles, et aussitôt après qu'il sera possible.

En foi de quoi, les plénipotentiaires respectifs savoir :

Pour la République Française, Georges CLEMENCEAU, Président du Conseil des Ministres, Ministre de la guerre, et Stephen PICHON, Ministre des Affaires étrangères ;

et

Pour les Etats-Unis d'Amérique, Woodrow WILSON, Président, et Robert LANSING, Secrétaire d'État des États-Unis,

ont signé les dispositions qui précèdent, rédigées en langue anglaise et en langue française, et y ont apposé leurs sceaux.

Fait en double, dans la ville de Versailles, le 28e jour du mois de juin de l'an de grâce mil-neuf-cent-dix-neuf, et le cent quarante-troisième de l'indépendance des États-Unis d'Amérique.

(L. S.)	G. CLEMENCEAU,
(L. S.)	S. PICHON,
(L. S.)	Woodrow WILSON,
(L. S.)	Robert LANSING.

Traité entre la France et la Grande-Bretagne signé à Versailles le 28 juin 1919.

AIDE A DONNER A LA FRANCE
EN CAS D'AGRESSION ALLEMANDE NON PROVOQUÉE

Considérant qu'il y a un danger que les stipulations concernant la rive gauche du Rhin et contenues dans le traité de paix, signé à Versailles, à la date de ce jour, n'assurent pas immédiatement à la République Française une sécurité et une protection appropriées ;

Considérant que Sa Majesté Britannique est désireuse, sous réserve de l'assentiment de Son Parlement et pourvu qu'une obligation analogue soit prise par les États-Unis d Amérique, de s'engager à soutenir le Gouvernement français, dans le cas d'un acte d'agression non provoqué dirigé par l'Allemagne contre la France ;

Considérant que le Président de la République Française et Sa Majesté Britannique ont décidé, dans ce but, de conclure un traité et ont nommé, à ces fins, comme plénipotentiaires, savoir :

Le Président de la République Française :

M. Georges CLEMENCEAU, Président du Conseil, Ministre de la guerre ;

M. PICHON, Ministre des Affaires étrangères ;

Sa Majesté le Roi du Royaume-Uni de Grande-Bretagne et d'Irlande et des Territoires Britanniques au-delà des mers, Empereur des Indes :

Le Très Honorable David LLOYD GEORGE, M. P., Premier Lord de la Trésorerie et Premier Ministre ;

Le Très Honorable Arthur James BALFOUR, O. M. M. P., Secrétaire d'Etat pour les Affaires étrangeres ;

Lesquels, après avoir échangé leurs pleins pouvoirs, reconnus en bonne et due forme, ont convenu des dispositions suivantes :

Article premier.

Dans le cas où les stipulations suivantes, concernant la rive gauche du Rhin et contenues dans le traité de paix avec l'Allemagne signé à Versailles le 28 juin 1919, par l'Empire Britannique, le Gouvernement de la République Française et les Etats-Unis d'Amérique entre autres Puissances :

« Article 42. — Il est interdit à l'Allemagne de maintenir ou de construire des fortifications, soit sur la rive gauche du Rhin, soit sur la rive droite, à l'ouest d'une ligne tracée à 50 kilomètres à l'est de ce fleuve. »

« Article 43. — Sont également interdits dans la zone définie à l'article 42, l'entretien ou le rassemblement de forces armées soit à titre permanent, soit à titre temporaire, aussi bien que toutes manœuvres militaires, de quelque nature qu'elles soient et le maintien de toutes facilités matérielles de mobilisation ».

« Article 44. — Au cas où l'Allemagne contreviendrait, de quelque manière que ce soit, aux dispositions des articles 42 et 43, elle serait considérée comme commettant un acte hostile vis-à-vis des puissances signataires du présent traité et comme cherchant à troubler la paix du monde. »

n'assureraient pas immédiatement à la France la sécurité et la protection appropriées, la Grande-Bretagne consent à venir immédiatement à son aide dans le cas de tout acte non provoqué d'agression dirigé contre elle par l'Allemagne.

Article 2.

Le présent traité, conçu en termes analogues à ceux du traité conclu à la même date et aux mêmes fins entre la République Française et les États-Unis d'Amérique, traité dont une expédition est ci-annexée, n'entrera en vigueur qu'au moment où ce dernier sera ratifié.

Article 3.

Le présent traité devra être soumis au Conseil de la Société des nations et devra être reconnu par le Conseil, décidant, s'il y a lieu, à la majorité, comme un engagement conforme au Pacte de la Société; il restera en vigueur jusqu'à ce que, sur la demande de l'une des parties audit traité, le Conseil, décidant, s'il y a lieu, à la majorité, convienne que la Société elle-même assure une protection suffisante.

Article 4.

Le présent traité sera, avant sa ratification par Sa Majesté Britannique, soumis au Parlement pour approbation.

Il sera, avant sa ratification par le Président de la République Française, soumis aux Chambres françaises pour approbation.

Article 5.

Le présent traité n'imposera aucune obligation à aucun des Dominions de l'Empire britannique, à moins que et jusqu'à ce qu'il soit approuvé par le Parlement du Dominion intéressé.

Le présent traité sera ratifié et, sous réserve des articles 2 et 4, entrera en vigueur en même temps que le traité de paix avec l'Allemagne, de la même date, entrera en vigueur pour la République Française et l'Empire Britannique.

En foi de quoi les plénipotentiaires sus-nommés ont signé le présent traité, rédigé en langue française et en langue anglaise.

Fait en double, à Versailles, le 28e jour du mois de juin 1919.

(L. S.)   G. CLEMENCEAU,
(L. S.)   S. PICHON,
(L. S.)   D. Lloyd GEORGE,
(L. S.)   Arthur James BALFOUR.

La valeur des traités de garantie.

Au moment où s'échangeaient les signatures, il était déjà permis de se demander si elles seraient jamais ratifiées. L'entourage de M. Wilson lui avait signalé les difficultés probables, et les négociateurs français les avaient eux-mêmes si bien pressenties, qu'ils avaient essayé d'y parer.

I. Il semble que M. Wilson ait prévu l'opposition du Sénat. En tout cas, il en a été averti.

Voici, à ce propos, une déclaration de M. Lansing (1).

Le Président me fit part de sa décision, la veille de la remise du Traité aux plénipotentiaires allemands, en ajoutant en substance que cette promesse d'alliance formait partie intégrante du réglement général, tout comme si elle avait été écrite dans le Traité. Je lui dis que, personnellement, je considérais le consentement à négocier ce traité d'assistance comme une faute, parce qu'il discréditait l'article X du Covenant, que j'estimais être le plus important,

(1) *Peace Conference*, Londres, Constable, 1921, in-8, p. 161.

et aussi parce qu'il devait, à mon sens, provoquer une opposition grave, de la part du Sénat. Il répondit qu'il jugeait nécessaire d'adopter cette politique, étant donné les circonstances, et que, d'ailleurs, comme il avait donné sa parole à M. Clemenceau, qui avait accepté le Traité *à cause* de cette promesse, il était trop tard pour remettre la question sur le tapis, et inutile de la discuter.

Et voici un propos de Baker, un des collaborateurs immédiats du Président : (1).

[Le Traité de Garantie] avait quelques inconvénients, du point de vue du Président : il savait que ce Traité serait considéré comme une « alliance particulière » et qu'il serait difficile d'amener le Sénat dans cette voie...

En effet, le Sénat avait critiqué l'article X du Pacte de la Société des nations, précisément parce qu'il risquait d'envelopper les États-Unis dans un « enchevêtrement d'alliances » (entangling alliances), *ce qui était contraire à toutes les traditions de la politique américaine.*

II. *La France risquait donc de céder sans contrepartie : Si les traités anglais et américain venaient à nous manquer, serions-nous tout de même, au bout de quinze ans, privés de la garantie matérielle résultant de l'occupation ?*

La délégation française y avait songé, et le 23 avril 1919, elle présenta à la Conférence la clause suivante :

Le Délai de quinze ans (fixé pour la durée de

____

(1) *Wilson and World Settlement*, I, p. 322.

l'occupation) commencera à courir à dater de la mise en vigueur d'accords entre les États-Unis, la Grande-Bretagne et la France, en vue d'une garantie contre une agression non provoquée de l'Allemagne.

Le débat dura jusqu'au 29 avril; le Président Wilson, malgré l'insistance de M. Clemenceau, ayant refusé d'accepter cette rédaction, on parvint, après un laborieux échange de suggestions et de textes, à la formule qui est inscrite au dernier paragraphe de l'article 429 du Traité.

Si à ce moment (au bout de quinze ans), les garanties contre une agression non provoquée de l'Allemagne n'étaient pas considérées comme suffisantes par les gouvernements alliés et associés, l'évacuation des troupes d'occupation pourrait être retardée dans la mesure jugée nécessaire à l'obtention des dites garanties.

III. *Dans l'esprit de la délégation française, cette formule pouvait suffire à assurer le succès de la revendication; voici en effet comment M. Tardieu croyait pouvoir interpréter le paragraphe:*

Quelle est, en vertu de ce texte additionnel, la situation? C'est au bout de quinze années, le 10 janvier 1935, que les gouvernements alliés et associés auront, aux termes du paragraphe final, à décider si les garanties contre une agression non provoquée de l'Allemagne sont ou non suffisantes. De quelles garanties s'agit-il? De celles qu'ont prévues à Versailles, le 28 juin 1919, le traité avec l'Allemagne et les deux traités anglais et américain, c'est à savoir, pour un avenir plus proche, l'occupation complétée par les deux traités. Dans quel cas ces garanties pourraient-elles être, en 1935, jugées insuffisantes? Dans le cas où les deux traités viendraient à manquer; donc précisément dans le cas réalisé par le vote négatif du Sénat américain. Dans ce cas, qu'arriverait-il? L'évacuation, même si l'Allemagne avait rempli ses obligations financières, pourrait être retardée dans la mesure jugée nécessaire pour l'obtention des garanties militaires.

Par conséquent si, faute de ratification des traités anglais et américain, la France n'a, après quinze ans, d'autre gage de sécurité que l'occupation de la rive gauche du Rhin et des têtes de pont, cette occupation pourra être prolongée jusqu'à ce qu'existent d'autres garanties, c'est-à-dire jusqu'à ce que soient en vigueur, ou les deux traités signés le 28 juin 1919, ou des accords équivalents (1).

Mais si cette interprétation a pour elle l'équité, elle prête à des difficultés juridiques. Les garanties, dont il est question, si l'on s'en tient à la lettre du texte « sont des garanties à obtenir de l'Allemagne et nullement des Alliés ». C'est M. Poincaré qui a fait cette remarque :

J'ai le regret très vif de ne pouvoir partager l'optimisme de M. Tardieu. Si, dans quinze ans, il arrivait, par impossible, que l'Allemagne eut rempli vis-à-vis de nous tous ses engagements, je ne vois pas, je l'avoue, comment nous pourrions lui dire : « Pardon, nous allons rester sur le Rhin, parce que les États-Unis et la Grande-Bretagne n'ont pas ratifié les promesses de MM. Wilson et Lloyd George ».

(1) TARDIEU. *La paix*, p. 235 et ss.

L'Allemagne nous répondrait : « L'article 431 (1) vous interdit d'élever cette prétention. » — «Mais il y a le dernier paragraphe de l'article 429 »! — « Non, non, l'article 429 ne peut viser un pacte d'assistance, annexé au traité de Versailles et qui est pour nous *res inter alios acta* ».

L'offre des Traités de garantie a donc eu la forme d'un marché.

De la part de M. Lloyd George, il s'agissait de faire renoncer la France à la constitution d'une Rhénanie autonome, et à l'occupation militaire permanente de la ligne du Rhin.

De la part de M. Wilson, il s'agissait surtout d'obtenir l'abandon des amendements français au Pacte de la Société des nations, et de faire aboutir, par conséquent, le projet qu'il avait à cœur de réaliser ; pour cela, le Président américain comprenait qu'il fallait faire espérer à la France, sous une autre forme, la garantie politique, que la Société des nations ne lui apportait pas.

Mais tous deux, l'homme d'État anglais et l'homme d'État américain, ont toujours reconnu, — du moins, dans leurs relations avec les négociateurs français — la nécessité d'assurer la sécurité de la France. Sur ce principe, il n'y a pas eu, semble-t-il, de discussions.

(1) L'article 431 est ainsi conçu : « Si avant l'expiration de la période de quinze ans, l'Allemagne satisfait à tous les engagements résultant pour elle du présent traité, les troupes d'occupation seront immédiatement retirées ».

CHAPITRE II

L'ATTITUDE DES ÉTATS-UNIS

I. — *LA PRÉSENTATION DU TRAITÉ*

Le Président Wilson ne semble pas avoir fait grand effort pour obtenir la ratification immédiate du traité de garantie par le Sénat américain. Dans son discours du 10 juillet 1919, il avait annoncé le dépôt de ce traité devant le Sénat, et il s'était décidé à l'effectuer; mais il s'était réservé de donner des explications plus complètes « dans une autre occasion », qui ne semble pas s'être présentée.

Il avait eu soin pourtant de lier très nettement le sort du « traité de garantie » à celui de l'article X du « pacte de la Société des nations » :

Le 9 mai 1919, il avait déjà déclaré :

Heureusement, je ne fais aucun mystère ou secret de la promesse que j'ai faite au gouvernement [français]. J'ai promis de proposer au Sénat *un additif*, par lequel nous nous engagerons, sous réserve de l'agrément de la Société des nations, à venir immédiatement à l'aide de la France, dans le cas où elle serait attaquée par l'Allemagne, sans provocation de sa part ; cette mesure ne ferait que hâter l'intervention à laquelle nous sommes tenus de par le pacte de la Société des nations.

Et le 19 août 1919, il précisait ainsi sa pensée :

SÉNATEUR BORAH : « Monsieur le Président, est-ce que le traité spécial d'alliance avec la France, qui nous a été soumis. repose sur quelque autre base, en tant qu'obligations morales et légales, que celles de l'article X et de l'article XI (1), que vous venez de décrire ? »

LE PRÉSIDENT : « Non, Monsieur ! »

SÉNATEUR BORAH : « C'est donc, si je vous comprends bien, simplement un engagement *moral ?* »

LE PRÉSIDENT : « Oui » (2).

II. — *LA VALIDITÉ DU TRAITÉ*

Déjà la presse d'opposition avait posé une question préalable. Le Président avait-il le droit de prendre un pareil engagement? Le Sénat étudie la question et la tranche par l'affirmative :

Le 7 août 1919, il vote la résolution suivante (3) :

Étant donné que des doutes ont été exprimés sur la question de savoir si le pouvoir de faire les traités autorisait, selon la Constitution, à conclure un traité avec la France, soumis au Sénat pour ratification le 29 juillet 1919,

il est resolu que le Comité Judiciaire, par la présente décision, est chargé d'étudier et de rappor-

(1) Du pacte de la Société des nations.
(2) TEMPERLEY. *A history of the Peace Conference* Londres, Hodder et Stroughton, 1920, in-8, tome III, p. 70.
(3) Deposée par M. Walsh, of Montana, le 5 août.

ter au Sénat s'il y a des obstacles constitutionnels qui s'opposent à la conclusion du dit traité (1).

Le 22 septembre, le rapport du sénateur Walsh (of Montana) conclut à la validité du traité.

Sans vouloir traiter autre chose que la question législative, le rapporteur ajoute pourtant :

Bien que l'Allemagne ait été vaincue, elle est actuellement, en raison de ses grandes ressources, de sa forte population, et de son esprit militariste et impérialiste, capable d'être une menace dans l'avenir ; mais rien, sinon la force, n'est à même de l'empêcher de prétendre à la domination du monde, à la première occasion. En comparaison avec la France, ses pertes dans la guerre sont modérées... Elle peut, dans un avenir prochain, envahir aisément, et même détruire la France.

Il est de l'intérêt de notre pays que la France puisse reprendre et recouvrer sa vigueur d'antan, car elle peut être une grande protection pour nous contre la menace allemande dans l'avenir...

Le 10 novembre, le sénateur Walsh donne de ces études préalables un récit d'ensemble : (2)

... La presse, du moins, présenta des objections au traité avec la France, objections qui furent soumises au Sénat, comme celles qui avaient été soulevées au sujet du Pacte. Le Sénat, ému par ces arguments, chargea la Commission des affaires judiciaires de faire une enquête et un rapport, sur la question de savoir si, du point de vue constitutionnel, il y avait des objections au dit traité. Le rapport déclara qu'il

(1) *Congressional Record*, 22 septembre 1919, p. 6043.
(2) *Idem*, 10 novembre 1919, p. 8200.

n'y en avait pas... Le rapport ne fut pas voté à l'unanimité, mais aucun membre de la Commission n'exprima d'avis contraire; quelques membres se bornèrent à s'abstenir. Aucun membre de la Commission n'essaya de soutenir l'opinion que la Constitution interdit à notre gouvernement de prendre des engagements, de l'ordre de ceux imposés par le Pacte, bien que trois membres eussent exprimé leur doute à ce sujet. A la demande de l'un de ces derniers (le doyen des sénateurs du Missouri) (1), la Commission mit trois semaines à déposer son rapport pour permettre à ce sénateur, s'il le jugeait à propos, de présenter une argumentation écrite ou verbale, en faveur de l'avis contraire. Étant donné l'activité prodigieuse et la haute compétence juridique du sénateur du Missouri, sans parler de la maîtrise qu'il possède dans l'exposé de ses vues, il est raisonnable d'en conclure qu'il n'a pas trouvé de raisons suffisantes pour déposer un rapport exprimant le point de vue de la minorité.

III. — *L'OPPOSITION DES RÉPUBLICAINS*

Mais que le traité fut valable, au point de vue constitutionnel, que le Sénat américain le tînt pour tel, qu'importait à la France, si la ratification n'en était pas obtenue? C'est en vain qu'elle l'attendit.

A vrai dire, le Sénat américain n'a jamais abordé de front la question du traité de garantie; il n'a pas voulu en commencer la discussion, avant de s'être prononcé sur le pacte de la Société des nations; ainsi

(1) James A. Reed.

le sort du traité s'est trouvé lié au sort de l'article X du pacte (1).

Or, l'article X a soulevé la plus vive hostilité. Dès le 4 septembre 1919, la Commission des Affaires étrangères du Sénat votait une « réserve » ainsi conçue :

« Les États-Unis refusent d'assumer en vertu des prévisions de l'article X, ou de tout autre article, aucune obligation de préserver l'intégrité territoriale ou l'indépendance politique de n'importe quel autre pays. »

C'est à peu près textuellement cette décision qu'adopta le Sénat, le 13 novembre 1919, par 46 voix contre 33 : Elle atteint évidemment le traité de garantie, en même temps que le pacte de la Société des nations. « La France a été rejetée dans l'isolement », conclut un journal américain (2).

Les textes réunis ci-dessous indiqueront le sens et la portée de cette opposition :

L'opposition au Sénat.

Il est rare que la question de la sécurité soit abordée dans ces discussions, plus rare encore que la France y soit citée. Les idées qui guident les républicains au Sénat se ramènent à deux ou trois principes très simples :

1º Le traité de garantie est une preuve de la méfiance de la France à l'égard de la Société des nations.

(1) C'est l'article par lequel tout membre de la Société des nations s'engage à intervenir pour protéger l'indépendance des autres membres

(2) *New York Tribune*, 30 mars 1920.

... Le Président Clemenceau a montré des doutes en l'efficacité de la ligue projetée, lorsqu'il s'assura, ou accepta, l'alliance ou traité entre les Etats-Unis et la France, traité par lequel nous nous engageons à aller au secours et à la défense de la France, en cas d'attaque allemande non provoquée.

Si le premier ministre français avait eu, en la Société des nations, une confiance absolue, s'il avait eu la même foi qu'on nous demande d'avoir et de manifester, il n'aurait ni recherché, ni accepté cet arrangement spécial en vue de la défense de la France. Il aurait compté sur la Société des nations pour donner à la France toute sécurité et protection contre son ennemi séculaire, aujourd'hui vaincu (1).

2° *Le Congrès Américain ne doit pas prendre d'engagement qui « lie ses successeurs ».*

Je proclame que chaque congrès doit traiter les affaires au fur et à mesure qu'elles surviennent, je proclame que le peuple américain n'acceptera jamais de se soumettre à une obligation qui engagera ses fils dans les guerres, pendant un avenir indéterminé, — ses fils et son argent.

Je demande de nouveau : ne pouvons-nous avoir confiance dans l'avenir? Ne pouvons-nous avoir con-fiance dans les congrès futurs? Ne pouvons-nous avoir confiance dans nos descendants? S'il y a véri-tablement sujet de venir en aide au monde, de pro-téger des peuples opprimés, faut-il donc que nous engagions dès à présent les congrès à venir, sans leur faire autrement confiance. Nos fils et nos petits-fils

(1) Discours du sénateur Gore. — *Congress. Record*, 5 no-vembre 1919, p. 7956.

et petites-filles, lorsqu'ils assumeront la responsabilité du gouvernement, les hommes et les femmes de ce pays lorsqu'ils assumeront en commun la charge du gouvernement dans les années à venir, ne seront-ils pas aussi loyaux que nous le sommes ? N'aimeront-ils pas leur prochain comme nous ? Ne pouvons-nous pas les laisser libres de décider si tel cas particulier est juste ; si l'agression étrangère, qui menace un territoire existant, est une agression justifiée ou non ? (1)

3° *Les Américains, d'ailleurs, doivent redouter les risques qu'implique une garantie quelconque.*

... Puis vient l'article X. C'est l'article le plus important de tout le traité. C'est cet article que je demande aux Américains de prendre en considération particulièrement ; qu'ils en parlent chez eux, au coin du feu ; qu'ils le discutent, qu'ils y réfléchissent. S'ils l'approuvent, le traité sera ratifié et promulgué y compris cet article. Mais auparavant, réfléchissez-y, et réfléchissez sérieusement. Cet article nous engage à garantir contre l'agression de toute autre nation l'indépendance politique et l'intégrité de territoire de toute nation, membre de la Société, c'est-à-dire de toute nation sur terre. De notre côté, nous ne demandons aucune garantie, nous n'avons pas de frontières en danger ; mais on nous demande de garantir l'intégrité, en fait, de toutes les nations du monde. Du moins, il en sera ainsi quand la Société sera au complet. Pour l'instant, nous garantissons l'intégrité territoriale et l'indépendance politique de

(1) Discours du Sénateur Smith (de Géorgie), *Congress. Record*, 19 mars 1920, p. 4592.

toutes les parties, dispersées dans le monde entier, de l'Empire britannique.

Maintenant, remarquez! On ne demande une garantie que dans le cas où la force est nécessaire. Si nous garantissions un pays de l'Amérique du Sud, si nous étions seuls à nous porter garants, et que nous ne garantissions qu'un seul pays, nous serions tenus d'aller à l'aide de ce pays avec une armée et une flotte. D'après cette clause du traité,— une des rares clauses qui soient tout à fait claires —, nous devons partir en guerre, avec notre armée et notre flotte, contre tout pays qui tentera d'attaquer l'intégrité territoriale de tout autre membre de la Société.

Or, les garanties promises doivent être fournies. Ce sont des promesses sacrées. On a dit qu'elles ne liaient que moralement, mais les traités entre grandes nations ne font pas autre chose. S'ils ne lient pas moralement, ce ne sont que des chiffons de papier. Si les États-Unis acceptent l'article, nous devons nous y conformer aussi bien dans la lettre que dans l'esprit; du jour où nous l'aurons accepté j'insisterai pour qu'il en soit ainsi, parce qu'alors l'honneur et la bonne foi de notre pays seront en jeu.

Or, c'est faire une formidable promesse. Je demande aux pères, aux mères, aux sœurs et aux femmes, et aux fiancées s'ils sont disposés, dès à présent, à garantir l'indépendance politique et l'intégrité territoriale de toutes les nations du globe contre une agression étrangère, et à envoyer dans le monde entier, pour cette mission, l'espoir de leur famille, l'espoir de la nation, l'élite de notre jeunesse. (1)

(1) Déclaration de M. Lodge. *The Lodge-Lowell debate*, Boston, Old Colony Trust C°, 1920, in-8°, p. 19.

La campagne des Républicains lors de l'élection présidentielle.

Entre la politique du Sénat et la politique wilsonienne, les électeurs allaient prononcer. Dans le courant de l'été 1920, les démocrates choisissent leur candidat, M. Cox, qui devait s'efforcer de maintenir en partie les idées directrices de M. Wilson ; les Républicains dès le début de juin, désignaient le leur, M. Harding, un des sénateurs hostiles au traité et au pacte. La campagne electorale commençait, et les Républicains ne ménageaient pas leur effort.

Voici, par exemple, deux déclarations du Sénateur Lodge :

— ...Le peuple américain n'acceptera jamais cette alliance avec les nations étrangères que propose le Président...

Le théâtre européen, avec ses changements à vue, ses querelles et ses guerres, ses gouvernements éphémères et ses frontières instables, que l'on nous demande de garantir, ne manquera pas de faire au jour le jour l'éducation du peuple. (1)

— ...M. Wilson, s'adressant directement à M. Bratiano, premier ministre de Roumanie, affirma que si les frontières déterminées à Versailles étaient attaquées, alors les États-Unis enverraient de l'autre côté de l'Océan leur flotte et leur armée défendre la nation attaquée, à condition que cette nation ait accepté les dispositions du traité.

(1) Discours du Sénateur Lodge à la Convention du parti républicain Chicago, 8 juin 1920. Cf. *Bulletin périodique de presse américaine* établi par le Service d'Etudes de presse étrangere, N° 92.

Telle était la conception que se faisait M. Wilson, lors de son séjour à Paris, des rapports réciproques entre les nations qui composent la Société des nations, et cette promesse américaine, faite par lui, fut un des facteurs qui contribuèrent le plus efficacement à *persuader les nations d'accepter des conditions qui ne leur plaisaient pas.*

Ceci montre quelle conception se fait M. Wilson de la Société des nations, et de ce que cette dernière accomplirait... C'est contre cette conception de la Société que nous luttons, et nous ne devons accepter aucun pacte qui d'une façon quelconque serait de nature à servir les desseins de M. Wilson. Sans doute M. Wilson n'est plus candidat, mais c'est contre le Wilsonisme que nous luttons, contre un système de gouvernement étranger à notre constitution et à nos traditions... (1)

Et voici une interview de M. Harding :

Le Sénateur Harding insista sur l'impossibilité de toute alliance militaire entre les États-Unis et l'Europe. Une alliance de cette nature est contraire aux idées américaines et répugne au peuple américain. Parce qu'il ne saurait être question d'alliance militaire, il ne s'ensuit pas qu'une association ou un accord avec l'Europe soit exclu, association ou accord qui serait pour le bien de l'humanité, si on laisse les États-Unis libres de choisir leur propre ligne de conduite. (2)

(1) *Boston Evening Transcript*, 10 sept. 1920.
(2) M. Harding interviewé par un correspondant de la *Morning Post*, 20 septembre 1920, p. 8.

L'attitude des Républicains après la défaite de M. Wilson.

Le 2 novembre 1920, le succès des Républicains était assuré. La désignation des électeurs présidentiels leur donnait 404 voix contre 127 aux démocrates. La période wilsonienne était close décidément. Les traditions triomphaient.

Le 4 mars 1921, M. Harding inaugure sa présidence par un discours :

Il rejette toute idée d'alliance militaire :

… L'Amérique, notre Amérique, l'Amérique édifiée sur les fondements qu'a posés l'inspiration de nos pères, ne saurait faire partie d'aucune alliance militaire permanente. Elle ne peut contracter aucun engagement politique, ni assumer aucune obligation économique, qui soumettrait nos décisions à quelque autre autorité que la nôtre.

Mais les États-Unis participeront à tout ce qui peut favoriser l'établissement de relations contractuelles internationales.

Nous sommes résolus à participer à l'élaboration de projets en vue de la médiation, de la conciliation et de l'arbitrage…

Le 12 avril 1921, dans son message au Congrès, M. Harding fait allusion aux

obligations inscrites dans les traités, obligations qui ne nous regardent pas, et auxquelles nous ne voulons pas être mêlés.

Le 8 décembre 1922, il répète nettement :

Des traités d'alliance militaire ne peuvent avoir une chance d'être sanctionnés par l'Amérique.

A la même époque, M. Harvey, ambassadeur des États-Unis à Londres, prononce un discours à Liverpool. Quelque temps auparavant, dans un dîner offert à M. Poincaré, lord Derby avait exprimé l'opinion qu'une alliance franco-anglaise était désirable, et que les États-Unis s'y joindraient un jour, M. Harvey s'empresse de prendre position : (1)

... Je me sens obligé de déclarer franchement que l'espoir formulé par lord Derby doit être considéré comme vain... N'est-ce pas simplement déclarer un fait évident et qui s'impose, que de déclarer que l'entrée des États-Unis dans une alliance permanente, si désirable qu'elle puisse paraître pour le moment, est une impossibilité absolue ?

Le vain appel de la France.

Ainsi le traité de garantie a succombé, sans même avoir subi une attaque directe. En vain M. Clemenceau est-il venu l'année suivante, essayer de réveiller l'opinion américaine. Voici l'appel qu'il a lancé dans son discours du 22 novembre 1922, à New-York :

Nous, notre frontière sur le Rhin est mauvaise. Toute notre histoire est là pour l'attester.

La Manche n'a pas empêché les Anglais, dans les temps passés, de s'installer en France pour des siècles. Je ne suis pas sûr que le Rhin soit une défense absolument efficace, surtout avec les nou-

(1) Discours prononcé le 3 novembre 1921. L'opinion de lord Derby était bien connue depuis un an déjà. Cf. ci-dessous, chapitre III, paragraphe 2. Ce texte et les précédents sont empruntés aux bulletins du Service d'Etudes de la presse étrangère.

veaux engins de guerre qui, si la surveillance n'était pas absolument rigoureuse, pourraient causer d'effroyables surprises entre voisins. Mais cela doit nous donner au moins la sécurité du premier choc. Et c'est pourquoi à la Conférence de la paix, par un document qui est dans toutes les chancelleries, j'ai réclamé, non l'annexion de la terre allemande, mais la frontière militaire du Rhin.

Dès le lendemain, M. Lloyd George m'a pris à part et m'a dit :

— « Si vous renoncez à votre frontière militaire du Rhin, je vous offre la garantie navale et militaire de la Grande-Bretagne. Je m'engage en outre à faire de mon mieux pour obtenir de M. le président Wilson une garantie analogue ».

Après mûre réflexion, entre le Rhin et la rupture de l'entente franco anglo-américaine, j'ai accepté la proposition. J'ai obtenu cependant, pour qu'il fût possible d'éprouver la bonne foi de l'Allemagne, une occupation de quinze ans. J'ai obtenu que cette occupation durerait au delà de ce terme, si l'Allemagne n'exécutait pas tous les engagements du traité, ou si les garanties militaires étaient jugées insuffisantes.

Je n'insiste pas sur ces discussions. Mais, ce qui est assez clair, c'est que, ce que M. Lloyd George m'avait promis, il ne l'a pas donné. La France, à mon avis, doit donc reprendre son droit tout entier, si satisfaction ne lui est pas assurée.

Il fallait l'autorisation des Parlements Le traité a été voté par l'Angleterre. On nous a offert une protection. Mieux vaut compter sur soi, pour sa propre défense, que sur un contrat, si loyal qu'il soit des deux parts, dont les clauses pourraient être faciles à éluder : M. Lloyd George ne nous a pas donné sa garantie, et l'Amérique s'est désintéressée de l'exécution du traité.

Je ne sollicite rien, mais j'appelle cependant votre attention sur les conséquences d'un accord, qui barrerait l'accès du Rhin au militarisme allemand. Rien ne serait plus conforme à vos vues comme à celles de l'Angleterre; car, si vous apportez votre garantie à la frontière du Rhin, tout le monde comprendra qu'une non moins décisive garantie joue au profit de l'Allemagne, puisque nous ne pourrions l'attaquer nous-mêmes sans perdre l'appui de nos meilleurs amis.

Il y aurait donc ainsi sécurité pour tout le monde. Ce serait comme un commencement de coopération en vue du maintien de la paix, qui, par son succès certain, ne manquerait pas de produire, sur de nombreux points de l'Europe, un effet d'apaisement.

Dans le domaine économique, comme dans le domaine militaire, nous avons été purement et simplement délaissés. Je ne m'en inquiète pas pour la France, bien que je le regrette plus que je ne saurais le dire pour nos deux alliés. Mais il faut qu'on ne s'étonne pas de nous voir mettre notre pays en état de défense, si l'on ne veut pas nous aider (1).

L'appel a été applaudi, mais il n'a pas trouvé d'écho. L'enquête entreprise par le Litterary Digest *auprès des journaux avait déjà montré que la majorité d'entre eux écartait toute idée d'alliance for-*

---

(1) Extrait du discours prononcé par M. Clemenceau, le 22 novembre 1922, au Metropolitan Opera de New-York. *Illustration*, n° 4162. 9 décembre 1922.

melle (1). *Le 5 décembre 1922, la* Washington Post *donnait ce simple commentaire :*

Ce désir de la part d'un Français, est compréhensible, et il n'offense pas les Américains qui ont l'esprit généreux. Mais, de la part d'un Américain intelligent, il est presque inconcevable. Si un Américain aussi éminent que M. Wilson n'avait pas effectivement signé un pareil document, cette proposition d'alliance aurait paru trop éloignée du domaine des possibilités pour être même discutée. Mais M. Wilson lui-même découvrit en temps voulu les sentiments exacts des Américains sur la question, et il abandonna le projet sans insistance pour son adoption.

L'idée était bien morte dans l'esprit public américain. On en avait cette fois la preuve décisive.

(1) *Litterary Digest,* 9 décembre 1922, p. 13. L'enquête avait porté sur 273 journaux : 223 s'étaient prononcés en faveur d'une aide à la France en cas d'agression allemande ; mais « plus de la moitié d'entre eux » rejetaient formellement toute idée de promesse *précise.*

CHAPITRE III

L'ATTITUDE DE L'ANGLETERRE

I. — LE VOTE DU TRAITÉ EN JUILLET 1919

Le traité de garantie franco-anglais avait été voté, en 2ᵉ et 3ᵉ lecture, un mois à peine après sa signature, le 21 juillet, par la presque unanimité de la Chambre des Communes. Ici, pas de difficultés; pas même de discussion prolongée. M. Lloyd George, bien loin d'adopter l'attitude hésitante du Président Wilson, s'engageait à fond. Il trouvait, pour expliquer la raison d'être de sa promesse, les arguments les plus simples et les plus vrais; il déclarait, à plusieurs reprises, qu'il n'était même pas possible de concevoir une opposition quelconque à l'approbation du traité.

En réponse aux critiques du député Kenworthy, qui refusait de voter le traité, parce qu'il constituait un retour à un « système d'alliances », inconciliable avec l'esprit de la Société des nations, et parce qu'il entraînait le maintien de charges militaires (ce député mettait en avant l'idée d'une « garantie générale » pour toutes les nations), voici ce que déclarait M. Lloyd George :

Ensuite, vient une autre garantie, garantie à laquelle j'ai déjà fait allusion, et en faveur de laquelle j'ai l'intention de demander à cette assemblée l'autorisation de présenter un projet de loi et de le soumettre à son approbation ; il s'agit des garanties offertes par les États-Unis et le Gouvernement britannique, dans le cas où la France serait attaquée de propos délibéré et sans provocation Je ne suppose pas qu'aucune fraction de cette assemblée y mette opposition.

Il est question d'accorder cette garantie avec l'agrément de la Société des nations. Mais la Société des nations est un essai, et la France a, de mémoire d'homme, été envahie deux fois par l'Allemagne. Elle fait face, avec une population de 40 millions à une population très hostile de 60 à 70 millions, et la France a de légitimes raisons de crainte.

Après que la Grande-Bretagne est rentrée chez elle, lorsque l'Amérique a mis entre elle et les côtes de France des milliers de kilomètres, une fois que sont partis les héroïques soldats des Dominions, qui ont si courageusement combattu sur le sol français, — ces Australiens de la Nouvelle-Zélande, de l'Afrique du Sud et dn Canada, qui ont gagné l'affection profonde de la France, — celle-ci se voit seule, avec le Rhin pour toute barrière, entre elle et cet ennemi qui l'a foulée aux pieds si impitoyablement, et qui, de mémoire d'homme, lui a deux fois infligé les pires épreuves.

Et c'est pourquoi la France dit : « Nous voudrions être assurés que vous, Grande-Bretagne, et vous, Amérique, qui aidâtes à libérer notre sol, continuerez à nous protéger en cas d'agression injustifiée. » — J'invite le Parlement anglais à répondre : « Oui » (1).

. . . .

Je ne crois pas qu'un seul homme hésiterait à venir au secours de la France si elle était attaquée. Je parlais à un socialiste bien connu que vous qualifieriez probablement de très avancé, Messieurs, si je vous le nommais. Je lui dis : « Nous allons contracter un engagement d'après lequel, si la France est attaquée, la Grande-Bretagne viendra à son aide. » Il me dit : « Je ne crois pas qu'il y ait dans les Iles Britanniques un homme, qui s'oppose à cette mesure. » — C'est bien mon sentiment, et je serais désolé qu'il y eût la moindre hésitation. Quelle qu'en soit la raison, ces choses sont difficiles à expliquer. C'est un sujet qui tient au cœur de la nation française et je fais ardemment appel à tous les membres de cette Assemblée, pour qu'ils conviennent au moins que, si la France est attaquée, toute l'opinion de ce pays sera pour elle (2).

... Nous devons tenir compte de l'anxiété toute naturelle, et de la nervosité de la France en face de cette terrible menace, qui a déjà dévasté son territoire deux fois, de mémoire d'homme vivant (3).

(1) CHAMBRE DES COMMUNES, *Debates*, 3 juillet 1919, T. 117, p. 1223

(2) *Idem*, 21 juillet, T. 118, p. 1116.

(3) *Idem*, p. 1040.

II. — *LES HÉSITATIONS*
DU GOUVERNEMENT ANGLAIS

Malgré l'empressement dont avait témoigné le Parlement britannique, le Traité de garantie franco-anglais restait lettre morte. M. Lloyd George avait subordonné l'entrée en vigueur de ce pacte à la ratification du traité franco-américain, qui traînait devant le Sénat de Washington son triste destin. Comme le pouvoir législatif américain ne s'etait pas prononcé, le vote de la Chambre des Communes n'avait pas de valeur pratique.

Lorsque, en mars 1920, le Sénat des États-Unis eut rejeté le traité de Versailles, il n'était plus possible de se faire illusion sur le traité de garantie. Pourtant, aux Communes, M. Lloyd George se gardait bien de prendre parti; il fallait, disait-il, attendre un vote formel. Un an plus tard, ce vote n'était pas encore intervenu, et le gouvernement anglais, fidèle à la lettre de ses engagements, continuait d'attendre.

Dans l'opinion publique, pourtant, un effort s'annonçait; il fallait sortir de l'ornière, abandonner cette attitude fondée sur le droit, et sur l'injustice, regarder la situation en elle-même. Lord Derby demandait, en dehors de toute participation des États-Unis, la conclusion d'une alliance franco-anglaise.

Mais, en août 1921, deux ans après l'approbation du Traité de Garantie par le Parlement britannique, le Premier Ministre anglais en proclamant l'importance du problème de la « sécurité », évitait avec soin toute allusion à un engagement précis ; il comprenait les appréhensions de la France, mais il entendait ne rien faire pour les soulager.

La politique d'attente

Le 29 mars 1920, M. Bottomley demande au Premier Ministre « si le rejet du traité de paix par le Sénat des États-Unis peut, d'une façon quelconque, affecter le projet de garantie tripartite avec la France contre une attaque allemande éventuelle ; et, dans l'affirmative, si le gouvernement de Sa Majesté se propose de se récuser à ce sujet, abandonnant ainsi notre alliée, sans lui fournir la protection proposée ».

Le Premier Ministre. Le Traité entre la France et les États-Unis est un organe distinct, qui, autant que je sache, n'a été ni ratifié, ni rejeté par le Sénat des Etats-Unis. Il n'est pas question que le gouvernement de Sa Majesté se retire du projet de garantie commune à la France, mais, si le Sénat des États-Unis décidait de ne pas ratifier le Traité, une nouvelle situation serait créée qui demanderait plus ample examen (1).

Le 4 mai 1921, Sir Fred. Hall, demande au Lord du Sceau privé si « le gouvernement américain avait nettement répudié l'assurance donnée par le Président Wilson, que l'Amérique se joindrait à la Grande-Bretagne pour garantir la sécurité de la France contre une attaque allemande ; si c'était sur

(1) Communes, *Debates,* 29 mars 1920, p. 865-866.

la foi de cette assurance que la France avait accepté de ne pas réclamer de garanties plus rigoureuses que celles définitivement inscrites au traité de Versailles, en ce qui concerne la conduite future de l'Allemagne ; et si l'on tiendrait compte de ces faits pour l'adoption des mesures nouvelles que les Alliés peuvent avoir lieu de prendre, au cas où l'Allemagne refuserait de respecter le traité ? »

M. Chamberlain. — Nous n'avons reçu du gouvernement des États-Unis aucune communication officielle, concernant son attitude ou ses intentions au sujet du traité de Versailles ou de la convention prévoyant une aide à la France en cas d'attaque allemande non provoquée, — le gouvernement des États-Unis n'ayant pas encore vu la possibilité de ratifier l'un ou l'autre de ces deux actes. Mon honorable et valeureux ami peut être assuré qu'il sera tenu compte de tous les faits pertinents, quand les alliés décideront de la conduite à tenir » (1).

La campagne de Lord Derby

Dès la fin de 1920, après l'élection de M. Harding, à la présidence des États-Unis, le prétexte invoqué par M. Lloyd George pour ajourner sans cesse une décision était devenu dérisoire. C'est à ce moment que Lord Derby, qui venait de quitter l'ambassade de Paris, avait commencé une campagne en faveur de l'exécution des promesses anglaises.

Je crois que cette amitié (franco-anglaise) est de

(1) Communes, *Debates*, 4 mai 1921, p. 1044.

l'intérêt des deux pays, et, en fait, qu'elle a autant d'importance pour nous que pour la France. Bien des gens prétendent que chacune des deux nations est capable de se passer de l'aide de l'autre. Il est possible qu'il en soit ainsi, mais je poserai une question. « Même s'il en était ainsi, serait-ce une bonne chose pour la France, pour l'Angleterre? Serait-ce une bonne chose pour la paix du monde? » A cela je répondrai un « non » catégorique.

Nous avons des engagements dans le monde entier, et Dieu merci, notre pays n'a jamais eu peur des responsabilités. Voyons si nous ne pourrions pas alléger ces fardeaux, et ces responsabilités, en contractant une étroite amitié, — et personnellement, j'aimerais dire une alliance, — avec la grande nation aux côtés de laquelle nous avons combattu. Il y en a qui disent que l'heure n'est pas encore sonnée d'une alliance avec la France. Soit! je n'argumenterai pas, mais je plaiderai, quoi qu'il advienne, la cause de l'alliance en laquelle je crois. Et je vais vous dire pourquoi : A mon humble avis, si nous avions eu une alliance avec la France, au lieu d'une simple entente, la guerre n'aurait jamais eu lieu. J'ai toujours été convaincu que, si l'Allemagne avait su que nous entrerions en guerre aux côtés de la France, elle n'aurait pas commis cet acte d'agression. Certains disent que la guerre n'aurait été que momentanément retardée, mais n'avons-nous pas de justes raisons de nous demander si une telle alliance ne constituerait pas, à l'avenir, une garantie contre les risques d'une nouvelle catastrophe mondiale ?

...Supposez que la flotte allemande, au lieu d'être

au fond de la baie de Scapa Flow, existe encore, camouflée en navires marchands et prête à entrer en action en quelques heures. Serait-ce nous montrer agressifs que d'exiger que notre flotte fût en état d'attaquer la flotte allemande, si cette dernière se trouvait exister effectivement ? Je crois que tout le monde serait d'avis que nous ne prenons que des mesures de prudence en vue de notre défense. Du moment que l'Allemagne est une menace pour la France, depuis bien plus longtemps que la flotte allemande n'en est une pour nous, la France a rai·son en déclarant qu'elle ne veut pas courir de risques (1).

La « sympathie » de M. Lloyd George

(AOUT 1921)

La campagne de Lord Derby n'avait pu passer inaperçue. Ce ne fut cependant qu'au bout de quelques mois que M. Lloyd George se décida à y répondre. Mais de quelles singulière façon !

En ce qui concerne la sécurité de la France, je comprends, au reste, parfaitement, la nervosité des Français. Il s'est produit de mémoire d'homme des évènements terribles qui font que l'on éprouve en France des appréhensions légitimes, pour le cas où l'Allemagne renouvellerait ses attaques. Mais la sécurité de la France dépend de trois éléments :

D'abord, le désarmement, — j'entends le désar-

(1) Extraits du discours de Lord Derby à la Chambre de Commerce de Manchester, le 2 décembre 1920. *Manchester Guardian,* du 3.

mement de l'Allemagne... C'est là pour la France la première considération. La seconde, c'est que sa sécurité, ainsi que celle de l'Europe, dépend du souvenir que garderont les Allemands des ruines qu'une grande guerre a causées à leur propre pays. La troisième enfin, c'est la certitude que doit avoir tout agresseur qu'il se mettra le monde entier à dos, la certitude que les succès du début ne font qu'aggraver en définitive la ruine, en rendant la défaite plus coûteuse, les sanctions éventuelles plus sévères.

Telles sont les garanties véritables : d'abord, le désarmement; en second lieu la conscience qu'aura, sa vie durant, la génération actuelle de la ruine résultant pour son pays d'une guerre provoquée par elle ; et, troisièmement, la certitude que quiconque déchaîne une guerre de gaîté de cœur se met à dos le monde entier, que des succès remportés au début ne suffisent pas, et qu'en fin de compte, plus aura été grand le succès initial de l'agresseur, plus sera grand le désastre qui le frappera.

Mais je voudrais dire encore ceci, c'est qu'une nation exaspérée par d'incessantes provocations ne regardera pas à ce qu'il pourrait lui en coûter, et, ce qui constitue la véritable sécurité pour la France, c'est de savoir qu'en réponse à une attaque non provoquée le monde entier viendrait à son aide (1).

Ainsi, au lieu d'un engagement catégorique de l'Angleterre, M. Lloyd George offrait à la France

***

(1) Discours de M. Lloyd George à la Chambre des Communes, 16 août 1921. Traduction donnée par le *Recueil de Documents Etrangers,* établi par le Service d'études de la presse étrangère.

le concours éventuel... du monde entier ! Sans doute
se réservait-t-il de faire du problème de la securité
un instrument de négociations. En tout cas, il reniait
décidément l'exécution pure et simple de la promesse,
conditionnelle, il est vrai, qu'il avait signée à Versailles, le 28 juin 1919. Le « pacte tripartite » était
abandonné.

———

L'ÉVOLUTION DU PROBLÈME DEPUIS 1920

———

La question de la sécurité de la France n'est pas de celles que l'Europe peut négliger. Tous les renseignements qui venaient d'Allemagne, en 1920 et 1921, montraient comment le gouvernement du Reich, avec l'appui des industriels, essayait d'éluder les clauses de désarmement contenues dans le traité. La Commission de controle interalliée, présidée par le général Nollet, multipliait les efforts : elle découvrait sans cesse des armes cachées et des ateliers de fabrication. Il était donc évident que la France n'avait pas tort de demander des garanties pour l'avenir.

Depuis la fin de 1921, divers projets sont apparus qui tendaient, plus ou moins sincèrement, à répondre à ses préoccupations ou à neutraliser tout au moins ses revendications. Ces projets peuvent se grouper autour de trois idées : Pacte franco-anglais destiné à remplacer, mais dans des conditions assez différentes, l'engagement caduc de 1919. Pacte rhénan, qui lierait les pays riverains du Rhin. Pacte d'assistance mutuelle, sous l'égide de la Société des nations.

Bien que ces projets aient des points communs, leur origine est assez différente pour qu'ils méritent d'être examinés séparément.

CHAPITRE IV

LES NÉGOCIATIONS FRANCO-ANGLAISES

Le gouvernement anglais s'était dérobé, en 1920. A deux reprises, depuis lors, il a pourtant manifesté l'intention de discuter avec la France un traité de garantie, qui pût remplacer l'assistance prévue par le pacte tripartite. Mais ces deux propositions n'ont jamais été faites « pour elles-mêmes » ; elles ont voulu lier au problème de la sécurité des questions de politique générale, qui en étaient distinctes ; elles ont paru revêtir la forme d'un marché, sans présenter pourtant les garanties d'ordre militaire qui, seules, pouvaient faire du traité autre chose qu'un engagement « d'ordre moral ».

I. — *LES NÉGOCIATIONS DE CANNES*

A la fin de l'année 1921, M. Lloyd George, peu à peu, s'oriente à nouveau vers un engagement d'assistance. Un projet que M. Winston Churchill avait élaboré dès l'année précédente, et que le Cabinet n'avait pas discuté, reparaît maintenant. (1) C'est le moment où M. Briand pose devant la Conférence de Washington la question de la sécurité de la France. Le Premier britannique songe alors à reprendre, sous une forme nouvelle, le traité de garantie, qu'il a abandonné depuis 1919. A la veille des négociations de Cannes, ses intentions se précisent: elles aboutissent au projet du 11 janvier 1922.

Les suggestions de M. Briand

Dans son discours du 12 novembre 1921, à Washington, le président du Conseil français déclare :

Au lendemain de la dernière guerre, — et la France sait ce qu'il en coûte de supporter pareille guerre, car elle a vu sur son sol la misère sanglante des peuples de nos patries respectives —, je crois pouvoir dire que mon pays a, plus qu'aucun autre, l'horreur de la guerre et l'amour de la paix.

S'il lui est donné la possibilité d'obtenir la sécurité qu'elle a le droit d'exiger pour assurer la paix, et si, dans ce but, il lui est demandé des sacrifices sur ses armements, la France est prête à les consentir...

Si demain sa sauvegarde est assurée, la France est prête à dire : Bas les armes ! » (2)

Dans son discours du 21 novembre 1921, après avoir exposé les réductions de la force militaire de la France depuis 1919, M. Briand ajoute :

(1) Fabre-Luce. *La crise des alliances.* Paris, Grasset, 1922, p. 298.
(2) Livre Jaune. *Conférence de Washington,* annexe 21.

Aller au-delà, je le dis nettement et très franche-ment, c'est impossible. La France ne le pourrait pas, sans s'exposer aux plus grands dangers. On viendrait nous dire, aujourd'hui ou demain : « Ce danger, nous le voyons avec vous, nous le compre-nons, nous allons le partager avec vous ; nous vous offrons tous les moyens de sécurité que vous pou-vez désirer ». Immédiatement, la France entrerait dans d'autres voies...

Mais,... si la France doit demeurer seule en face d'une situation telle que je vous l'ai dépeinte sans aucune exagération, telle qu'elle est réellement, alors il ne faut pas lui discuter les possibilités d'as-surer sa sécurité, dans la mesure compatible avec les besoins de l'heure présente. (1)

Le projet de traité franco anglais

Voici le texte du projet de traité entre la France et la Grande-Bretagne, tel qu'il a été remis à Cannes, le 11 janvier 1922, par M. Lloyd George à M. Briand, avant son départ pour Paris : (2)

Considérant que le sol de la France a été deux fois envahi par l'Allemagne de mémoire d'hommes vivants, et qu'il souffre encore profondément de la dévastation qui lui a été infligée par l'ennemi ;

Considérant que les populations à la fois de la France et de l'Empire britannique ont payé un lourd tribut de vies humaines et de richesses, en repoussant l'invasion des armées allemandes ;

(1) *Ibid.* Annexe 23.
(2) Ce texte a été donné par l'*Europe Nouvelle* du 21 jan-vier 1922.

Considérant que la prospérité des peuples européens et l'organisation économique du monde ont été profondément troublées par l'épreuve de guerre prolongée par laquelle ils viennent de passer ;

Considérant que des garanties de la sécurité de la France contre une future invasion par l'Allemagne sont indispensables à la restauration de la stabilité en Europe, à la sécurité de la Grande-Bretagne et à la paix du monde ;

Considérant que les mesures de sécurité suivantes contenues dans le traité de Versailles, savoir :

« Article 42. — Il est interdit à l'Allemagne de maintenir ou de construire des fortifications soit sur la rive gauche du Rhin, soit sur la rive droite, à l'ouest d'une ligne tracée à 50 kilomètres à l'est de ce fleuve. »

« Article 43. — Sont également interdits, dans la zone définie à l'article 42, l'entretien ou le rassemblement de forces armées, soit à titre permanent, soit à titre temporaire, aussi bien que toutes manœuvres militaires, de quelque nature qu'elles soient, et le maintien de toutes facilités matérielles de mobilisation ».

« Article 44. — Au cas où l'Allemagne contreviendrait de quelque manière que ce soit aux dispositions des articles 42 et 43, elle serait considérée comme cherchant à troubler la paix du monde... »

peuvent ne pas pourvoir suffisamment à la défense des intérêts communs essentiels des Hautes Parties contractantes ainsi qu'au maintien de la paix en Europe occidentale ;

Sa Majesté Britannique

et

Le Président de la République française,
ont convenu des dispositions suivantes :

Article premier.

Dans le cas d'une agression directe et non provoquée contre le territoire de la France par l'Allemagne, la Grande-Bretagne se rangera immédiatement aux côtés de la France avec ses forces navales,
militaires et aériennes.

Article 2.

Les Hautes Parties contractantes affirment de
nouveau l'intérêt commun que présentent pour elles
les articles 42, 43 et 44 du traité de Versailles, et se
concerteront, s'il y avait une menace d'une violation
quelconque des dits articles, ou si un doute venait à
s'élever quant à leur interprétation.

Article 3.

Les Hautes Parties contractantes s'engagent en
outre à se concerter, au cas où des mesures militaires, navales ou aériennes quelconques, incompa-
tibles avec le traité de Versailles, seraient prises par
l'Allemagne.

Article 4.

Le présent traité n'imposera aucune obligation à
l'un quelconque des Dominions de l'Empire britannique, à moins et, jusqu'à ce qu'il ait été approuvé
par le Dominion intéressé.

Article 5.

Le présent traité restera en vigueur pendant une

période de dix ans et sera, d'un commun accord, renouvelable à la fin de cette période.

Ce projet de traité ne comportait donc, à l'encontre du traité de 1919, qu'un engagement de durée limitée. De plus, M. Lloyd George y avait joint une note qui indiquait quelles concessions il entendait demander à la France, en échange de l'exécution partielle de ses promesses antérieures.

Note du Gouvernement Anglais (1)

Cannes, 11 janvier 1922.

En ce qui concerne la sécurité de la France contre une invasion, la Grande-Bretagne veut considérer cette question comme touchant à ses intérêts propres.

Elle est en conséquence disposée à prendre l'engagement que, s'il se produit une agression allemande non provoquée contre le sol français, le peuple britannique se placera avec ses forces aux côtés de la France. Pareille garantie aura une double valeur; elle n'aura pas seulement pour effet d'assurer la sauvegarde de la France, au cas d'une attaque allemande; elle rendra pareille attaque extrêmement improbable. Il n'est pas vraisemblable que l'Allemagne eût attaqué en 1914, si elle s'était rendu compte de l'importance des forces que l'Empire britannique jetterait dans la guerre. En 1914, l'Allemagne n'attribuait à la Grande-Bretagne que six divisions. Elle ne savait rien ou, peu de chose, du caractère et des ressources de la Fédération des

(1) *Europe Nouvelle,* 21 janvier 1922.

peuples britanniques. Aujourd'hui, elle est plus sage, car elle sait que, au lieu de six divisions seulement, l'Empire britannique a entretenu sur les champs de bataille de France, dès la fin de la première année de la guerre, 400.000 hommes.

Ce chiffre s'est rapidement augmenté par la suite et, au cours des deux dernières années de la guerre, l'Empire britannique entretenait, en France et dans les Flandres, en dépit de l'affaiblissement sensible que lui causaient sans cesse les pertes subies, une force de deux millions d'hommes.

La Grande-Bretagne appelait au total 6.211.427 hommes à servir sur terre, sur mer ou dans les airs; les Dominions autonomes, l'Inde et les colonies ont appelé 3.284.723 hommes. Sur ce chtffre, on compte 947.364 tués. Il est inconcevable que l'Allemagne puisse oublier ces faits, avec la portée qu'ils ont pour la garantie du sol français

Ce que l'Empire britannique a fait, une fois, pour la civilisation, il le fera encore si c'était nécessaire. Les grandes réserves d'officiers et d'hommes entraînés que lui a laissées la guerre, la Grande-Bretagne pourra les utiliser aussi longtemps que pourront l'être les réserves allemandes. L'abondant matériel fabriqué pour la guerre sera disponible en Grande-Bretagne pendant une génération au moins, alors que le matériel allemand a été totalement enlevé par les Alliés.

Par conséquent, si l'Allemagne est certaine que l'Empire sera aux côtés de la France dans une guerre à venir, elle ne sera pas tentée de caresser des rêves de revanche. Il est aussi important de détourner l'esprit allemand de pareilles ambitions, que de prendre des dispositions pour assurer la défaite de ces ambitions, si elles venaient à maturité. Le gouvernement britannique croit que ces deux buts seront atteints, si l'engagement est pris que les deux nations feront face ensemble à une attaque non provoquée de l'Allemagne contre le territoire français. Il croit aussi que pareil engagement resserrera et fortifiera, d'année en année, les liens d'amitié entre les deux nations.

Cet engagement mutuel peut être pris de deux manières :

On peut, d'une part, concevoir une alliance offensive et défensive; pareille alliance peut paraître désirable à la France. Cependant, en réalité, elle servirait mal ses intérêts, parce que de telles alliances sont contraires aux traditions britanniques. Le peuple britannique comprend que la France réclame le droit d'être garantie contre une invasion de son territoire, mais il n'accepterait pas volontiers d'être tenu à des obligations de caractère militaire, si la paix était rompue ailleurs. Participer à des entreprises militaires dans l'Europe centrale et orientale ne répondrait pas à ses intentions. Une alliance impliquant, ou même paraissant impliquer, pareille responsabilité n'aurait pas l'appui cordial du peuple britannique. Au contraire, elle se heurterait à l'opposition de groupes importants dans les diverses parties de la communauté des peuples britanniques. Elle n'aurait pas, par conséquent, pour la France, la même valeur qu'un engagement pris sous une autre forme.

On peut, au contraire, concevoir la garantie précise que l'Empire britannique et la France feront face, côte à côte, à une agression non provoquée de l'Allemagne contre le sol français.

Cette éventualité a été discutée à la Conférence impériale l'été dernier, et il est probable que l'opinion de l'Empire appuiera celle de la Grande-Bretagne pour donner une pareille garantie à la France; sa valeur serait donc beaucoup plus grande puisque, selon le sentiment du gouvernement britannique, elle aurait l'approbation cordiale, non pas de la Grande-Bretagne seule, mais des Dominions. Le réel danger auquel la France est exposée est une invasion allemande. La France ne court pas de risques semblables de la part d'une autre nation. Une garantie contre une invasion allemande assure incontestablement sa sécurité. Telle est, en conséquence, la solution que le gouvernement de Sa Majesté préfère adopter. Il voit dans le projet de traité entre la Grande-Bretagne et la France, annexé à ce memorandum, et dont il propose l'adoption, la forme d'engagement qui est la plus propre à protéger les intérêts communs des deux puissances dans l'Europe occidentale.

Cependant, pour que ce traité puisse être suivi d'effet, il est nécessaire qu'il soit accompagné par une entente complète entre les deux pays. Telle a été la base de l'accord de 1904 qui a donné à la France l'appui de la Grande-Bretagne dans la guerre, — et cette base est également essentielle maintenant.

La fin du document expose les conditions de l'accord :

1° — La première condition d'une véritable entente est d'éviter une rivalité navale entre les deux pays... Le Gouvernement de Sa Majesté propose donc comme condition du traité, et de l'entente qu'il envisage, que les amirautés des deux pays se concertent au sujet de leurs programmes navals ;

2° — Le gouvernement britannique désire également d'une façon très vive que la France coopère de tout cœur avec la Grande-Bretagne dans la reconstruction économique et financière de l'Europe. Il espère donc que la France marquera son accord à la réunion immédiate d'une Conférence économique, à laquelle toutes les puissances de l'Europe, y compris la Russie, seraient représentées...

3° — [Le gouvernement anglais] désirerait éclaircir toutes les questions sur lesquelles une controverse serait possible entre les deux pays. Il est essentiel, par exemple, que la paix en Orient soit rétablie et qu'il existe un accord complet entre la France et la Grande-Bretagne au sujet de la politique alliée à suivre. La même considération vaut pour d'autres importantes questions extérieures en discussion qui, jusqu'à présent, ont, en quelque mesure, empêché une entente complète.

Et voici la conclusion :

... Le gouvernement de Sa Majesté estime qu'il n'y a pas de questions actuellement pendantes qu'on ne puisse résoudre d'une façon satisfaisante pour les deux gouvernements et que le traité de garantie entre les deux pays peut être ainsi conclu et scellé par une entente complète et durable. Il désire de plus, tout particulièrement, que cette entente entre la Grande-Bretagne et la France, loin d'exclure d'autres nations, forme la base d'un plan plus large de coopération internationale pour assurer la paix de l'Europe dans son ensemble.

Il a confiance en ce qui peut être accompli par la coopération entre les alliés à cet égard. La dernière des conditions indiquées dans ce memorandum, comme base de la Conférence économique envisagée, comporte une simple condition d'accord international : Tous les pays prendraient en commun l'engagement de s'abstenir de toute agression contre leurs voisins.

Ainsi étaient precisées les conditions du marché. Pour obtenir momentanément une garantie de sécurité, la France devait faire sienne la politique extérieure de son alliée.

Déclarations des hommes d'État français

Pour arriver à cette offre, si limitée et si onéreuse, il avait déjà fallu d'assez longues négociations. M. Briand en a résumé la dernière phase devant la Chambre des députés :

M. ARISTIDE BRIAND — Lorsque la question s'est posée, il m'a paru que le Premier Ministre anglais envisageait la possibilité de faire revivre la clause du traité de Versailles.

Je lui ai fait remarquer que nous n'en étions plus là, que cette clause ne correspondait plus à la réalité des choses, qu'elle comportait une idée d'aide, d'assistance, qui n'était pas conforme à la vérité. Je lui ai dit que le point de vue français, le nôtre, était le suivant :

« Vous ne pouvez pas plus admettre, vous, Anglais, que les Allemands aillent à Anvers que vous ne pouvez admettre qu'ils aillent à Calais. Par conséquent, la frontière entre la France, la Belgique et l'Allemagne est une frontière qui nous est commune, et, quand vous la défendez, vous ne nous prêtez pas assistance, vous vous prêtez assistance à vous-mêmes. C'est donc d'intérêts communs qu'il s'agit ».

J'ai remis un memorandum qui est certainement dans les archives du quai d'Orsay. Dans ce memorandum, j'ai exposé ce point de vue français que l'intérêt général, tel que nous le concevions à la veille et en prévision de la Conférence de Gênes, devait avoir à sa base le noyau solide qu'aurait constitué un accord entre l'Angleterre, la France et la Belgique. Là. résidait une garantie certaine de paix pour l'Europe.

M. Lloyd George m'a répondu qu'en Angleterre, l'opinion, troublée par certaines difficultés et par des polémiques forcément irritantes, pourrait bien ne plus revenir à cette conception d'un accord.

J'ai insisté. Lui-même a bien voulu, de son côté, insister auprès de ses collègues, et éclairer l'opinion britannique. M. Lloyd George a ajouté : « Avec vous, oui. Le raisonnement que vous avez tenu sur la frontière commune, oui ; je m'efforcerai de le faire prévaloir ».

Cette idée et cette possibilité d'accord ont été transmises par M. Lloyd George à Londres, et soumises aux membres de son gouvernement. Deux jours après, je me suis rencontré avec lui, sur sa demande. Je le reconnais, cela fut pour moi une grande satisfaction. M. Lloyd George m'a remis le document que vous connaissez, qui a été publié, dont peut-être vous n'avez pas présents à l'esprit tous les termes, mais qui admet réellement le principe de l'intérêt commun pour la frontière de l'Est. Cette fois, il n'est plus question d'aide ou d'assistance, on envisage une frontière commune et, conformément à ce que j'avais demandé dans le memorandum français, on tient compte des articles 41, 42 et autres du traité de Versailles, et l'on veut bien les considérer comme pouvant être des garanties insuffisantes, pour la France et pour l'Angleterre. Ainsi, d'après ce document, les deux pays, si la moindre atteinte était portée à ces garanties, doivent se concerter, et si la moindre atteinte est portée à la sécurité de leur frontière commune, les deux pays mettent en commun la totalité de leurs forces terrestres et navales. (1)

Dans la même séance où M. Briand donnait ces explications, M. Poincaré a souligné les insuffisances de l'offre anglaise.

M. Poincaré. — Il est arrivé un moment où les négociations relatives au pacte, engagées depuis plusieurs mois déjà, ont abouti à un échange de projets entre les deux gouvernements. Le dernier projet britannique, communiqué au gouvernement français péchait, à son avis, comme je crois bien à celui de l'honorable M. Briand, sur deux points essentiels :

Le premier article était conçu dans des termes qui ne comportaient aucune réciprocité.

Le gouvernement français avait demandé que cet article eût un caractère synallagmatique. Le gouvernement anglais, au contraire, avait repris, dans des termes légèrement différents, mais sensiblement équivalents, l'article du pacte franco-britannique,

(1) Annales de la Chambre des Députés, *Débats.* Séance du 1ᵉʳ avril 1922, p. 1.140.

qui, avec le pacte franco-américain, devait compléter le traité de Versailles.

Sur ce premier point, le gouvernement français avait donc jusque-là vainement réclamé une réciprocité, qui ne lui avait pas été accordée.

Enfin, un dernier article du projet de pacte, — je dis « projet » puisque, aussi bien, aucune signature n'a été donnée, — un dernier article de ce projet, qui date du 11 janvier 1922, l'article 5, contenait la disposition suivante :

« Le présent traité restera en vigueur pendant une période de dix ans et sera, d'un commun accord, renouvelable à la fin de cette période ».

Il apparut à tout le monde qu'une période de dix ans était, par elle-même, insuffisante puisqu'elle prévoyait une assistance britannique pendant un laps de temps où, avec les Anglais, nous occupions la rive gauche du Rhin. Elle n'ajoutait donc rien à l'état de choses qui résultait de cette opération, et M. Briand l'avait du reste parfaitement compris, puisque, sur ce point, il avait demandé un délai plus étendu qui lui avait été refusé. (1)

Les négociations se poursuivirent entre Londres et Paris; dans ce discours d'avril 1922, M. Raymond Poincaré croyait pouvoir affirmer que les conditions en étaient favorables; mais en écartant même toutes les difficultés politiques, l'accord ne pouvait aboutir que s'il comportait un plan pratique d'assistance, dont les clauses auraient été discutées et établies par les États-Majors. Lorsqu'il en fut question, le projet s'évanouit.

(1) ANNALES DE LA CHAMBRE DES DÉPUTÉS, *Débats*. Séance du 1er avril 1922, p. 1.146.

II. — *LA « CONVERSATION » DE L'ÉTÉ 1923*

L'occupation de la Ruhr, par une conséquence inattendue, a rappelé à l'attention de l'Europe le problème de la sécurité de la France. C'était à raison des manquements de l'Allemagne à ses obligations, fixées par les clauses du traité de Versailles relatives aux réparations, que la France avait effectué l'occupation ; mais, en fait, *la présence de nos troupes à Essen se trouvait renforcer les garanties, que nous donnait l'occupation temporaire de la rive gauche du Rhin. Aussi l'opinion anglaise, en particulier, a-t-elle cru que l'occupation de la Ruhr nous avait été inspirée par le dessein secret d'assurer, à défaut de l'exécution des engagements interalliés, la protection de notre frontière.*

Dans son désir de nous voir évacuer la Ruhr, elle en a déduit que, pour nous amener à répondre à ses vœux, il faudrait bien reprendre l'examen du problème de la sécurité.

L'opinion anglaise

Voici quelques extraits des journaux anglais qui confirment cette manière de voir :

La France et la Belgique, en prenant en main l'administration des chemins de fer du Rhin, cherchent leur sécurité. C'est un moyen pour elles de faire exécuter les articles 42, 43 et 44 du traité de Versailles (1), — écrit le *Times*. — Il n'est pas douteux, répéte-t-il, qu'aux prochaines négociations, la

______

(1) *Times*, 23 février.

France donnera une grande importance à la question de sa sécurité (1).

La France, — disent les *Daily News*, — veut obtenir une garantie du même ordre que celle que nous a procurée la destruction de la flotte allemande... La discussion du problème de la sécurité pourrait faciliter l'ouverture de négociations satisfaisantes et fructueuses sur les réparations... Un accord avec la France sur la base d'une garantie de sécurité, sous les auspices de la Société des nations, est la seule solution possible des difficultés actuelles (2).

Le 21 février, le Morning Post *attaque M. Lloyd George :*

M. Lloyd George parle d'un pacte qu'il aurait proposé à M. Poincaré. Ce n'était qu'un « marché clandestin ».

Nous espérons toujours que les véritables amis de la France, en Angleterre, lui offriront, un jour ou l'autre, un véritable pacte d'alliance et que ce pacte sera tel, que les Français seront heureux et fiers de l'accepter (3).

Plus récemment encore, un membre éminent de la Conférence Impériale, n'a-t-il pas déclaré, après avoir critiqué vivement la politique française :

Je reconnais néanmoins que l'acceptation par la

---

(1) *Times*, 6 mars.

(2) H Wilson Harris, *Daily News*, 15 mars, et Major général Sir F. Maurice. *ibid.*, 8 mars.

(3) Les mêmes sentiments ont été ressentis aux Etats-Unis Le 5 février, dans un discours prononcé à Cleveland. M. Norman H. Davis, ancien Secrétaire d'Etat de M. Wilson, déclarait : « Le centre du problème européen est la sécurité territoriale de la France. »

France du traité de Versailles a été subordonnée à
la promesse du traité de garantie que lui avaient
faite la Grande-Bretagne et l'Amérique, et qu'en
manquant à ces promesses ces deux nations ont pratiquement abandonné la France. Celle-ci s'est alors
sentie seule au monde, et il n'y a rien d'étonnant
qu'elle ait eu recours à cette alternative qu'était pour
elle la politique de force (1).

L'échange de notes

*Le Gouvernement anglais lui-même a suivi la
suggestion de son opinion publique : lors de
l'échange de notes avec les Gouvernements alliés, au
sujet des réparations et de l'occupation de la Ruhr,
il a voulu mêler au débat la question de la sécurité.*

La note britannique du 20 juillet disait :

Le Gouvernement de Sa Majesté n'a pas traité dans
cette note la question de la sécurité; mais il a déjà
indiqué qu'il était prêt à examiner ce sujet avec sympathie à tout moment qu'on jugerait opportun (2).

*A cette proposition, le Gouvernement belge répon-
dait, le 3o juillet :*

Enfin, le Gouvernement du Roi a été heureux
d'apprendre que le Gouvernement britannique était
prêt à aborder avec sympathie l'examen du problème
de la sécurité. La Belgique, en raison de sa situation
géographique particulièrement exposée, y attache
la plus grande importance. Il remercie le Gouvernement britannique de sa déclaration et se permettra

---

(1) Discours prononcé par le général Smuts au South
African Luncheon Club, 23 octobre 1923 (*Temps* du 25).

(2) Livre Jaune, *Documents relatifs aux notes allemandes
des 2 mai et 5 juin sur les réparations*, n° 34.

de lui adresser ultérieurement une communication relative à cette question (1) ;

Le Gouvernement français disait, à la même date :

Dans le dernier paragraphe de sa lettre, le Gouvernement a mentionné la question de la sécurité. Nous serons toujours heureux de nous entretenir de cette question avec lui, mais elle n'a rien à voir avec l'occupation de la Ruhr, — et il semble préférable que les deux problèmes soient envisagés distinctement (2).

Le Gouvernement britannique feignit de voir dans cette réponse de la France une fin de non-recevoir ; il s'en plaignit non sans amertume.

Aucun retard — disait Lord Curzon — n'est imputable au Gouvernement qui, pendant tout l'été, a fait sans cesse des efforts pour aboutir à une solution en ce qui concerne la sécurité de la France. Cette question a été abordée dans des conversations personnelles avec l'ambassadeur de France. En outre, le Gouvernement anglais a déclaré qu'il était disposé, actuellement ou à n'importe quel moment, à la convenance du Gouvernement français, à aborder la question de la sécurité, — et, s'il n'en a pas été ainsi, la faute n'en est pas au Gouvernement anglais. Mais une déclaration expresse du Gouvernement français a fait savoir que, cette question n'ayant rien à voir avec la situation actuelle, le Gouvernement français

(1) Livre Gris belge, *Documents diplomatiques relatifs aux réparations*, n° 43.

(2) Livre Jaune, *Documents relatifs aux notes allemandes des 2 mai et 5 juin sur les réparations*, n° 35.

ne désirait pas la voir soulever en ce moment (1).

La réponse officielle du Gouvernement britannique exprima dans sa note du 11 août 1923 la même idée.

Dans le dernier paragraphe de sa lettre, le Gouvernement de Sa Majesté offrait de discuter en toute sympathie avec ses alliés la question de la sécurité future.

Le Gouvernement belge a chaleureusement accueilli cette proposition. Il ne se sera pas fait faute de relever, cependant, la remarque du Gouvernement français que cette question n'a rien de commun avec la Ruhr et le nouveau renvoi de la discussion, dans un vague futur, qui en a été la conséquence.

Le Gouvernement belge se souviendra, en se reportant aux discussions de 1922, que le Gouvernement de Sa Majesté n'est pas disposé à être partie dans un accord quelconque relatif à la sécurité territoriale de la Belgique, qui serait distinct d'un engagement similaire à l'égard de la France.

Étant donné l'indifférence professée actuellement par le Gouvernement français à cet égard, il ne servirait de rien de poursuivre l'étude de l'affaire (2).

Le 20 août, le Gouvernement français, dans sa réplique à Lord Curzon, s'empressait de dissiper les malentendus, et de définir nettement son point de vue :

Ce paragraphe [de la note anglaise], dénature entièrement notre pensée, qui était cependant très claire. Nous avons dit en propres termes, que, si les

---

(1) Discours de Lord Curzon à la Chambre des Lords, 2 août 1923.

(2) D'apres la traduction qu'en donne le LIVRE JAUNE, cité ci-dessous, p. 47.

deux questions *Ruhr* et *sécurité* sont distinctes « nous serons toujours heureux de nous entretenir de cette dernière question avec le Gouvernement britannique ». Cela signifiait, de toute évidence : « Causons immédiatement, si vous voulez, mais ne mêlons pas des questions distinctes ».

La France a suffisamment montré, tout récemment encore, à la Commission du désarmement de la Société des nations, qu'elle était prête à discuter toutes les questions relatives à la consolidation de la paix (1), et elle a même eu la satisfaction de voir les représentants britanniques se rallier à son point de vue. Déjà, du reste, au commencement de 1922, après que M. Lloyd George nous avait offert un pacte de garantie unilatéral, subordonné au règlement préalable de toutes les questions pendantes entre la Grande-Bretagne et la France, limité à dix ans (2) et ne comportant aucune indication précise d'assistance militaire, nous avons répondu que nous examinerions bien volontiers ces propositions, mais à la condition, toutefois, que la durée du pacte dépassât celle des occupations prévues au traité, qu'il fût synallagmatique, et qu'il fût accompagné de garanties militaires réciproques et efficaces, c'est-à-dire à la condition qu'il eût une valeur pratique pour les deux pays. Jusqu'ici, il ne nous a pas été répondu. La France est prête dès aujourd'hui à reprendre l'examen de tous les problèmes relatifs à l'examen de la sécurité. Mais des garanties, même efficaces, contre des agressions nouvelles, ne peuvent

(1) Voir ci-dessous, chapitre VI.
(2) Par suite d'une erreur d'impression, le Livre Jaune porte « au commencement de *1923* » et « *cinq* ans ».

avoir pour effet de la priver de tout ou partie de ses droits aux réparations... (1).

Les conditions d'un accord

Dans son discours de Brieulles, le 18 septembre, M. Poincaré a d'ailleurs expliqué une fois de plus les conditions que devait remplir un pacte de garantie, pour que la France pût y trouver sa sécurité.

Un pacte de garantie, quels qu'en soient les signataires, ne saurait avoir pour nous aucune valeur pratique, s'il ne nous assure, en cas d'attaque, un secours militaire rapide et efficace. Avant la guerre, la Grande-Bretagne ne nous avait promis aucune coopération militaire ; elle était libre de ne pas intervenir, même si la France était l'objet d'une agression sans motifs; et cependant ses états-majors militaire et naval avaient établi avec les nôtres des accords éventuels (2), qui devaient leur permettre, en cas d'intervention britannique, de concerter leurs efforts. Le jour où l'Angleterre a pris parti pour la Belgique et pour la France, nous avons su, par ces conventions même, où et dans quelle mesure elle allait agir immédiatement. Nous n'en avons pas

(1) Livre Jaune. *Réponse du Gouvernement français à la lettre du Gouvernement britannique, 20 août 1923,* p 46-47 et 48.

(2) Les bases d'une coopération avaient été élaborées, à la suite de l'incident d'Agadir, dans une Conférence tenue à Paris, le 20 juillet 1911, à l'instigation du War-Office ; mais elles ne constituaient pas un engagement de la part des Gouvernements. Cf., les lettres échangées les 22 et 23 novembre 1912 entre Sir Ed. Grey et M. P. Cambon. Livre Jaune, *La guerre européenne 1914,* p. 59.

moins été forcés de supporter, pendant de longs mois, avec des poitrines françaises et sur le sol français, le poids le plus lourd de la guerre. Des pactes de garantie, qui ne reposeraient même pas sur des ententes techniques analogues à celles d'autrefois, risqueraient de nous laisser, au moment du danger, seuls ou à peu près seuls en face de l'invasion ; et comme, à peine signés, ils seraient partout représentés comme un symbole de paix, comme on s'empresserait de nous répéter, que, n'ayant plus rien à craindre, nous devons nous hâter de désarmer, nous serions exposés, l'heure venue, à nous voir assaillis par un ennemi plus nombreux, mieux préparé et mieux outillé que nous. Non, merci ! Si l'on ne nous offre comme caution de notre sécurité que des pactes de ce genre, ce bloc enfariné ne nous dit rien qui vaille (1).

On n'ose se flatter que cet échange d'observations soit le prélude d'un règlement du problème de la « sécurité ». Si cependant des négociations devaient se nouer, les délibérations récentes de la Société des nations — que relate un des chapitres suivants — pourraient peut-être fournir le cadre d'un arrangement franco-anglais, qui ne s'écarterait pas des principes admis par les projets élaborés à Genève.

(1) *Temps*, 18 septembre 1923.

CHAPITRE V

LE PROJET DE PACTE RHÉNAN

En Allemagne aussi, l'occupation de la Ruhr a suggéré au gouvernement des réflexions un peu tardives. Le gouvernement de M. Cuno, a peine la decision était-elle annoncée, s'est empressé de proposer la conclusion d'un pacte mutuel, entre les États qui ont des intérêts dans la région rhénane. L'offre a eté renouvelée par M. Stresemann, sans revêtir une forme précise. Mais dans l'intervalle, des projets étrangers à l'initiative gouvernementale ont retenu l'attention de l'opinion publique : c'est par la solution de la question rhénane que ces projets comptaient assurer la sécurité de la France.

I. — *LA PROPOSITION DU CHANCELIER CUNO*

A la veille de la Conférence de Paris (2 janvier 1923), le Gouvernement français avait annoncé l'intention d'occuper la Ruhr, pour obtenir le paiement des réparations. Aussitot, le Chancelier Cuno, dans un discours prononcé a Hambourg, le 31 décembre 1922, met en avant le projet d'un pacte mutuel de non agression ; mais la France, dit-il, a repoussé cette idée. Les textes qui suivent permettront d'apprécier ce que valait la proposition allemande. Elle avait pour but de lier les mains à la France, en l'empêchant d'étendre l'occupation rhénane ; elle visait aussi à persuader l'opinion américaine que la France préférait à la sécurité un régime d'instabilité politique, qui pouvait lui permettre de réaliser des desseins impérialistes.

Les déclarations très fermes du Gouvernement français ont fait justice de ces insinuations. D'ailleurs une note officieuse, publiée dans le New York Times, le 3 janvier 1923, a montré que le Gouvernement américain n'avait jamais eu l'intention d'assumer une garantie quelconque ; il n'aurait contracté d'autre obligation que « de recevoir et de déposer dans ses archives le texte dudit arrangement, en même temps que les engagements pris par les puissances envers les États-Unis ».

Manifestement destinée à frapper l'esprit des neutres, la proposition allemande n'a même pas atteint ce résultat. Personne n'en a été dupe, pas plus à l'étranger qu'en France.

Les déclarations du Chancelier Cuno.

En France, la nécessité de l'occupation de la région rhénane est fondée aussi sur la crainte d'intentions belliqueuses de l'Allemagne. Cette crainte n'a aucun fondement. Pour en donner la preuve, nous avons fait savoir au Gouvernement français, par l'intermédiaire d'une tierce puissance, que l'Allemagne était prête à prendre un engagement solennel, en même temps que la France et les autres grandes puissances ayant des intérêts sur le Rhin, envers une grande puissance n'ayant pas d'intérêts sur le Rhin. Ces États promettraient de ne pas se faire mutuellement la guerre, sans autorisation particulière donnée par plébiscite, et cela pendant une génération, c'est-à-dire un délai beaucoup plus long que le délai d'occupation prévu par le traité de Versailles (1).

Le communiqué américain.

Washington, 2 janvier.

L'ambassadeur d'Allemagne, sur instruction de son Gouvernement, a soumis récemment au Secrétaire d'État la proposition suivante :

« Les puissances ayant des intérêts sur le Rhin,
« c'est-à-dire la France, la Grande-Bretagne, l'Italie
« et l'Allemagne, conviendraient solennellement
« entre elles et promettraient au Gouvernement des
« États-Unis, qu'elles ne recourraient pas à la guerre
« les unes contre les autres, pendant une période
« d'une génération, sans y être autorisées par un
« plébiscite de leur propre peuple. »

Il fut jugé inopportun de transmettre cette proposition aux Gouvernements en cause, jusqu'à ce qu'il parût qu'elle serait accueillie avec faveur par le Gouvernement français.

En faisant cette démarche d'information auprès du Gouvernement français, le Secrétaire d'État fut informé que ce Gouvernement ne voyait pas la proposition avec faveur étant donné que cet arrange-

(1) Discours du Chancelier Cuno à Hambourg, le 31 décembre 1922. Texte d'après *Deutsche Allgem. Zeitung.*, 3 janvier 1923, p. 1 et *Berliner Tageblatt.*, 2 janvier 1923, p. 1.

gement ne pourrait être fait selon les dispositions de la Constitution française (1).

La mise au point du Gouvernement français.

Le jour même où les journaux allemands reproduisaient le discours du Chancelier, et les journaux américains le communiqué de leur Gouvernement, le Président du Conseil français expliquait la genèse de l'affaire et en dévoilait le but.

M. Cuno fait allusion à une conservation, qui a eu lieu en effet entre l'ambassadeur d'Allemagne à Washington et le secrétaire d'Etat des États-Unis.

Le 18 décembre, M. Hughes a fait savoir à l'ambassadeur de France que l'ambassadeur d'Allemagne lui avait dit être en mesure de proposer la conclusion d'un accord, aux termes duquel l'Allemagne, la France, l'Angleterre et l'Italie s'interdiraient, pendant une génération, soit trente ans, de se faire la guerre, à moins que la chose ne soit décidée par un vote populaire.

M. Hughes avait ajouté que si M. Jusserand, après avoir transmis cette indication à M. Poincaré, recevait de Paris une réponse encourageante, il demanderait à M. Wiedfelt de mettre son projet par écrit.

M. Poincaré, à qui cette suggestion fut immédiament communiquée, télégraphia à M. Jusserand que le pacte proposé était sans doute une manœuvre du Gouvernement allemand à la veille de la conférence de Paris.

(1) Communiqué du Département d'Etat. *New-York Times,* 3 janvier 1923.

Il ajoutait que, si le Gouvernement allemand voulait supprimer toutes chances de guerre, on pouvait se demander pourquoi il limitait à une simple durée de trente ans la promesse de paix. Cette promesse réduite serait, d'ailleurs, tout à fait illusoire. En moins de trente ans, la propagande de l'Allemagne pouvait malheureusement y développer de tels désirs de revanche qu'une consultation populaire fût, le jour venu, favorable à une agression contre la France. D'autre part, la Constitution française conférait à la représentation nationale le droit de paix ou de guerre, et il n'était pas possible de la lui retirer sans une revision constitutionnelle. Le Parlement français, du reste, ne prendrait jamais l'initiative d'une guerre quelconque. Pour que la promesse allemande eût quelque valeur, il faudrait enfin qu'elle fût garantie par les engagements positifs de l'Angleterre et des États-Unis, engagements appuyés sur des accords, assurant à la France, dans un délai déterminé, une collaboration militaire défensive déterminée.

Jusque-là il n'y avait donc eu ni proposition en forme de la part de l'Allemagne, ni refus de la part de la France.

Le 21 décembre, au cours d'une nouvelle conversation, M. Jusserand ayant exposé à M. Hughes les objections de M. Poincaré, le secrétaire d'État donna lecture à l'ambassadeur de France d'un texte en une seule phrase que, pour préciser les idées, l'ambassadeur d'Allemagne venait de lui remettre.

Ce texte, télégraphia aussitôt M. Jusserand, était à peu près ceci :

« Les Gouvernements allemand, anglais, français

« et italien s'engagent solennellement, les uns vis-
« à-vis des autres, et promettent à celui des États-
« Unis, de ne pas faire la guerre pendant une
« génération, soit trente ans, à moins que la chose
« ne soit décidée par un vote populaire, ce qui ren-
« drait la guerre virtuellement impossible ».

M. Poincaré répondit à M. Jusserand que cette proposition, formulée à la veille du jour où les alliés allaient prendre parti dans la question des réparations, apparaissait comme une manœuvre grossière. Le traité de Versailles, précisa M. Poincaré, contient déjà, dans son article X, un engagement formel de non-agression, qui lie la France, et, dès que l'Allemagne sera admise dans la Société des nations, elle aura le bénéfice et la charge de cette clause. Le pacte proposé serait donc superflu, et il aurait même l'inconvénient de paraître diminuer les engagements de l'article X, qui ne sont pas limités à trente ans et qu'aucune consultation populaire ne saurait détruire.

En ce moment, l'Allemagne veut, de toute évidence, pouvoir équivoquer sur les sanctions que les alliés pourraient, tôt ou tard, être appelés à prendre, si elle violait ses engagements, et qui sont prévues par plusieurs dispositions du traité, notamment par le paragraphe 18 de l'annexe II de la partie VIII (1). La France ne peut pas tomber dans ce piège.

(1) Ce paragraphe est ainsi conçu : « Les mesures que les Puissances alliées et associées auraient le droit de prendre en cas de manquement volontaire par l'Allemagne, — et que l'Allemagne s'engage à ne pas considérer comme des actes d'hostilité — peuvent comprendre des actes de prohibition et de représailles économiques et financières, et, en général, telles autres mesures que les Gouvernements respectifs pourront estimer nécessitées par les circonstances.

Au surplus, M. Hughes n'a pas laissé entrevoir la possibilité d'une garantie anglo-américaine. Or, même un pacte de garantie anglo-américain, dûment ratifié par le Sénat fédéral, et assurant à la France, dans un délai déterminé, une collaboration militaire défensive déterminée, ne suffirait pas à tirer tout à fait la France d'inquiétude.

En conclusion, M. Poincaré a prié M. Jusserand de faire connaître à M. Hughes la dangereuse hypocrisie de la proposition verbale faite par l'ambassadeur d'Allemagne à Washington (1).

Un commentaire italien.

Ces objections de principe, elles avaient été faites, avant même que M. Poincaré ne les eût exposées, par un journal italien.

Le Corriere della Serra*, écrivait, en effet, le 2 janvier 1923 :*

Avant tout il faut dissiper les soupçons de la France. Tant que la France redoutera que l'Allemagne ait un poignard dans la main gauche, elle ne regardera pas d'une âme tranquille le crayon, avec lequel sa voisine aligne ou efface les chiffres des réparations.

Mais, s'il est possible que M. Cuno soit de bonne foi en proposant un pacte de paix, il est certain que nul ne pourrait obliger la France à le juger suffisant. D'abord pourquoi l'Allemagne, sinon pour ne pas déplaire à la Russie, ne parle-t-elle pas de la Société des nations et continue-t-elle à affecter

______

(1) Note de M. Poincaré à la Conférence de Paris, 2 janvier 1923. *Temps,* du 4.

envers elle une attitude d'indifférence hostile ? En second lieu, qui croit encore aujourd'hui que le plébiscite puisse être une garantie? Une minorité fanatique ou terroriste pourrait faire voter la guerre au peuple allemand, avant même que le terme « d'une génération » soit expiré! Qui s'étonnera donc si la France interprète cette offre comme une menace, beaucoup plus que comme une promesse? L'Allemagne semble avoir besoin d'une génération pour exercer sa vengeance et, en attendant, conseille une trêve, endormeuse pour les autres, reconstituante pour elle-même.

Enfin, la proposition d'un pacte rhénan signé par les peuples ayant des intérêts sur le Rhin (France, Belgique, Allemagne) et avalisé par *une* puissance étrangère au Rhin est inacceptable pour la France, pour la Belgique et pour tout le monde, car cette puissance étrangère (L'Angleterre? ou l'Amérique qui peut-être refuserait?) deviendrait *ipso facto* la maîtresse du Rhin et de tout le continent européen.

Les conclusions.

A ces remarques clairvoyantes, M. von Rosenberg ministre des Affaires étrangères du Reich, essayait aussitôt de répondre, dans une interview donnée au representant berlinois de l'Associated Press.

Si le Gouvernement français avait souhaité une validité plus longue, nous aurions répondu volontiers à ce désir; cela va de soi...

Pour le Gouvernement du Reich, qui voulait s'affranchir de l'occupation rhénane pendant 15 ans, il importait de donner à la France une assurance de sécurité et de tranquillité pour une durée double de la période d'occupation prévue...

Une revision constitutionnelle, si ce projet était accepté, serait nécessaire en Allemagne aussi bien qu'en France; mais du moment qu'il s'agissait d'assurer la paix, les pouvoirs législatifs allemands ne se seraient certes pas opposés à un projet de revision de la constitution.

L'Allemagne n'a absolument rien à objecter, si l'Angleterre ou les États-Unis veulent développer ou garantir le pacte proposé, par des engagements particuliers envers la France... (1).

C'était l'occasion pour le chef du Gouvernement français de mettre en pleine lumière les buts poursuivis par l'Allemagne. Il télégraphiait aussitôt à son ambassadeur à Washington:

Ces déclarations de M. Rosenberg sont très significatives et je vous prie d'en parler à M. Hughes en lui faisant remarquer :

1º Que le but de l'Allemagne en faisant ces propotions était manifestement, comme le reconnaît M. Rosenberg, de nous faire évacuer la rive gauche avant d'avoir rempli ses obligations relatives aux réparations ;

2° Qu'il est absurde de prétendre qu'avant même d'entrer dans la Société des nations, l'Allemagne ne soit pas soumise à toutes les clauses du traité de Versailles, qui portent sa signature, et qu'elle soit libre aujourd'hui d'attaquer la France ;

3º Que la proposition de non-agression contre la

______

(1) Extraits d'après *Berliner Tageblatt*, 3 janvier 1923 (soir), page 1.

France, l'Italie et l'Angleterre laisserait l'Allemagne entièrement maîtresse d'attaquer nos petits alliés, notamment la Pologne et la Tchécoslovaquie, et même des neutres comme le Danemark, pour reprendre les territoires habités par des Danois et des Polonais et pour recommencer son hégémonie sur l'Europe. Nous savons très bien dès maintenant que, le jour où l'Allemagne voudra faire la guerre, c'est sur les petites nations qu'elle se rejettera. Son plan de non-agression lui en laisserait le droit, et nous interdirait de venir à leur secours (1).

L'Allemagne n'a pas répondu à ces observations. Le Chancelier Cuno s'est borné à répéter, le 6 mars, que le Gouvernement de Berlin aurait été prêt à « modifier et à compléter » ses propositions. Il n'a pas dit comment il aurait essayé de leur donner quelque consistance.

II. — *LES PROJETS BASÉS SUR LA DÉLIMITARISATION DE LA RHÉNANIE*

A la fin de mars et au début d'avril 1923, la question de la « sécurité » se trouve de nouveau posée devant l'opinion par deux initiatives importantes, et fort différentes, qui ont pourtant un trait commun : le pacte futur, placé sous l'égide de la Société des nations, comporterait la démilitarisation de la Rhénanie.

A la Chambre des Communes, le 28 mars 1923, le général Spears a développé un plan destiné à assurer la sécurité de la France par la démilitarisation per-

(1) Télégramme de M Poincaré à M. Jusserand. *Temps,* 5 janvier 1923.

manente de la rive gauche du Rhin. Ce plan, dont certains détails pourraient d'ailleurs prêter à discussion, a été publié par son auteur dans une revue française :

La rive gauche du Rhin ainsi qu'une zone de 5o kilomètres environ sur la rive droite, comprenant la totalité ou une partie de la Ruhr, seraient démilitarisées de la façon suivante : il n'y serait érigé aucune fortification et il n'y serait maintenu aucune troupe ; il n'y serait effectué aucun recrutement. Ces conditions seraient imposées par une force de gendarmerie internationale, dépendant de la Société des nations. Les chemins de fer de cette zone seraient placés sous la surveillance de la Société des nations, ou organisés en une compagnie internationale. Il faudrait examiner si l'on ne pourrait appliquer la même conception aux Postes et Télégraphes. La police locale serait sous la surveillance de la Société des nations.

Il pourrait être exigé que les fonctionnaires locaux fussent désignés par des élections régionales ; les hauts fonctionnaires, désignés par le Reich, seraient contrôlés par une Commission spéciale, émanant directement de la Société des nations. Celle-ci demanderait le rappel de tout fonctionnaire qui travaillerait contre la pacification, à laquelle tend tout le projet.

Il me semble qu'au point de vue militaire, il y a un avantage énorme à ce que l'Allemagne soit forcée de mobiliser — dans le cas où elle voudrait mobiliser — loin des frontières françaises, derrière la Weser. Il faut à une armée un obstacle derrière lequel mobiliser : ainsi, les Allemands se servaient autrefois du Rhin, dont ils seraient désormais privés, Ceci est si vrai que, avant la guerre, la France. n'ayant pas d'obstacle derrière lequel mobiliser son armée, avait créé une ligne de forteresses à l'abri de laquelle elle pût le faire.

Les gares de débarquement, les quais spéciaux, etc., qu'avait construits l'armée allemande sur les lignes stratégiques du Rhin, seraient naturellement détruits. Ce qu'il y a de plus important pour la sécurité de la frontière de l'Est, c'est que l'armée française puisse tenir la ligne du Rhin, au cas où l'Allemagne violerait ses engagements. Il serait facile, je crois, d'étendre la zone démilitarisée de façon à tenir à distance suffisante les forces allemandes, de s'assurer que les forces internationales sont assez nombreuses et suffisamment équipées pour retarder assez longtemps une incursion allemande, et que les grands moyens d'accès, — tunnels, nœuds de communications, etc., — sont tenus de telle façon qu'ils puissent être détruits lors d'une menace d'invasion.

En combinant ces moyens, en cas d'agression allemande, les troupes allemandes ne pourraient pas arriver sur le Rhin, avant une armée française se portant en avant pour défendre sa frontière.

Ni l'opinion en Angleterre, ni l'opinion mondiale n'admettraient que la Société des nations chargeât la France et la Belgique, à la place d'une gendarmerie internationale, d'assurer la défense de cette zone. Il faudrait que la force armée fût vraiment internationale et comportât des représentants de tous les pays représentés à la Société des nations. Du reste, le projet implique que l'Allemagne elle même devrait être membre de la Société et que, par conséquent, des contingents allemands devraient faire partie de ladite gendarmerie internationale.

Pourquoi l'Allemagne n'accepterait-elle pas un tel projet? Il est vrai, qu'à l'heure actuelle, elle n'aime pas la Société des nations, dont elle se défie. Mais, si le plan peut mettre fin à l'état actuel des choses, sans doute les gens sensés en Allemagne l'accepteront-ils. Après tout, nous avons, tous, le droit de nous défier des intentions allemandes. Si le Reich a vraiment des intentions pacifiques, il ne peut s'opposer à des mesures de paix qui auraient pour effet de protéger l'Allemagne autant que la France.

Pour qu'un tel projet soit accepté en Angleterre, il est bien entendu qu'il ne peut être question d'une Rhénanie indépendante, ni même d'une province autonome du Rhin faisant partie du Reich. L'opinion anglaise ne tolérerait ni un détachement politique, ni un détachement économique. D'après le projet, il n'est question que d'imposer un régime qui rende toute agression militaire impossible.

Pour ce qui est des chemins de fer et autres moyens de communication, ne serait-il pas possible de constituer ceux-ci en compagnies internationales, dont certaines actions seraient retenues pour le compte des réparations? Un ou plusieurs représentants de la Société des nations seraient placés auprès de ces compagnies pour veiller à ce que leur administration soit conforme à l'esprit du pacte. Le régime de la navigation sur le Rhin et les canaux pourrait aussi entrer dans le cadre du projet.

On objectera que l'Allemagne, si elle médite une agression, n'attaquera pas la France, mais cherchera à écraser la Pologne et que, par conséquent, la zone démilitarisée du Rhin servirait à protéger l'Allemagne contre la France, quand celle-ci désirera intervenir aux côtés de la Pologne. Mais un plan semblable de démilitarisation pourrait être appliqué à la frontière germano-polonaise, et l'Allemagne encourrait les mêmes pénalités, si elle attaquait la Pologne, que si elle attaquait la France. Je ne prétends pas connaître le nombre des troupes nécessaires à la protection de la Rhénanie, ni savoir quelle serait la proportion des effectifs des différentes nations; ceci resterait à déterminer. Quoiqu'il en soit les effectifs obéiraient à un état-major constitué sous l'égide de la Société des nations, et ils recevraient la consigne absolue de s'opposer, de toutes leurs forces, à toute invasion du territoire qui leur serait confié.

On m'a objecté aux Communes que ce projet n'avait en soi rien de bien intéressant, puisque le traité de Versailles comporte la démilitarisation d'une zone de 5o kilomètres sur la rive droite du Rhin. Il me semble que ceci est à notre avantage, car plus d'un homme politique des pays alliés a déclaré qu'il ne faut pas toucher au traité de Versailles. Par conséquent, trouver une formule cadrant avec le traité ne peut être qu'un gros avantage. Il est certain que les clauses du traité ne sont pas considérées en France comme donnant la sécurité voulue; il y a donc tout intérêt à interpréter ces clauses de façon à obtenir cette sécurité. On m'a dit souvent que la France n'avait aucun intérêt à se prêter à un arrangement pareil, puisqu'elle avait le droit d'occuper les provinces rhénanes pour 15 ans, mais, en admettant que la période de 15 ans n'ait pas commencé à courir, 15 ou 20 ans sont une période très courte dans la vie d'une nation et, si l'on attend la fin de cette période pour négocier, on n'aura plus rien en main. Quand on a un bail, on n'attend pas la veille de la fin du bail pour négocier avec le propriétaire; on profite de ce que l'on a plusieurs années devant soi pour obtenir un arrangement avantageux.

La France a de nombreux atouts en main en ce moment. Est-on sûr, en France, qu'en occupant la Rhénanie jusqu'à la fin de la période permise par le traité, on arrive à des conditions que l'on pourrait obtenir aujourd'hui? Sait-on si la France, continuant à poursuivre une politique isolée, pourra compter à cette échéance sur l'appui des autres nations?

Il est évident que la France ne peut monter éternellement la garde devant l'Allemagne; et il serait dangereux pour elle d'être seule à le faire. Un jour viendrait fatalement, tôt ou tard, où la France serait forcée de retirer sa main du collet de l'Allemagne : que se passerait-il alors?

Il est un autre avantage de notre projet : comme le recrutement serait interdit dans la zone rhénane, l'Allemagne compterait environ 10 millions d'habitants en moins au point de vue militaire, et le problème de la population qui est une des plus grosses inquiétudes de la France, serait ainsi résolu.

Il va de soi, que le projet ne pourrait être abrogé qu'à l'unanimité du Conseil de la Société des nations, ce qui implique que rien ne serait changé au régime adopté, sans le plein consentement de la France.

Il me semble que les Commissions de désarmemement en Allemagne devraient continuer à fonctionner (1) ; mais il serait facile de concevoir un nouvel arrangement par lequel une inspection serait aussi efficace et moins blessante pour les susceptibilités allemandes, puisque tout serait fait sous l'égide de la Société des nations, dont l'Allemagne serait devenue membre.

Le projet pourrait être renforcé par la ratification du pacte de garantie élaboré à Genève par M. de Jouvenel et Lord Robert Cecil (2)...

Bien que ce projet du général Spears ne paraisse pas avoir eu grande portée devant la Chambre des Communes, il peut cependant être retenu comme l'indice d'une étape dans l'évolution de l'esprit public en Angleterre.

A ce même moment, un homme d'État français, sans dévelop er un plan aussi étendu, s'appliquait à faire connaître la solution qu'il entrevoyait. Sur un point capital, les idées de M. Loucheur se séparaient de celles du général Spears : il s'agissait de l'autonomie de la Rhénanie à l'intérieur du Reich.

M. Loucheur déclarait en effet, à Grenoble, le 18 mars 1923, dans un discours prononcé à l'Assemblée des Producteurs des Alpes Françaises.

... Mais, pour moi, il y a autre chose que cette question de réparations. C'est celle de la sécurité. Le pacte anglo-franco-américain n'a pas été ratifié : il faut donc une autre solution. Il faut qu'en réglant la question de la Ruhr soit réglée la question de la

(1) En fait, quoique le général Spears oublie de le signaler, elles ont cessé de fonctionner depuis janvier 1923.

(2) E. L. SPEARS, *Un plan anglais de sécurité.* Europe Nouvelle, n° 16, 21 avril 1923, pp. 488-489.

sécurité de la France. Il faut que les provinces rhénanes soient détachées de la Prusse : Mais ce serait une erreur de vouloir séparer économiquement et politiquement le Reich des provinces rhénanes. La France ne poursuit aucun but d'annexion... (1)

Quelques jours plus tard, alors que M. Loucheur se trouvait en Angleterre, le Daily Telegraph *publia un article qui présentait, disait-il, certain point de vue français dans la question des réparations et de la sécurité. Tout aussitôt, ce fut, aux yeux de la presse « le programme Loucheur ».*

Après avoir prévu l'évacuation progressive de la Ruhr par les troupes franco-belges au fur et à mesure des paiements, ce programme comportait deux garanties :

La Rhénanie occidentale constituerait un État fédéral faisant partie du Reich, mais débarrassé de l'administration du Reich. La République rhénane, membre du Reich au même titre que la Bavière, Bade ou le Wurtemberg, serait démilitarisée sous la surveillance de la Société des nations.

L'Allemagne signerait un pacte de non-agression avec les autres puissances d'Europe occidentale, dans l'esprit de l'article X du pacte de la Société des nations.

L'opinion allemande, dans son ensemble, s'est montrée fort hostile aux plans indiqués dans le discours de Grenoble et dans l'interview du Daily Telegraph. *Pourtant dans certains milieux, la question de la sécurité a été envisagée avec un calme relatif.*

(1) *Journal des Débats,* 20 mars 1923.

On lit dans le Vorwärts *du 22 mars 1923 :*

Pour le présent, la sécurité de la France n'est nullement menacée ; l'Allemagne est complètement désarmée.

Reste l'avenir. On ne peut nier que derrière les exigences et les plaintes pharisaïques des Français se cache un souci sincère et en partie justifié.

Les Français s'inquiètent de la disproportion entre la population de leur pays et celle de l'Allemagne ... Dans des milliers de familles, le fils tombé était l'enfant unique. C'est l'extinction de dizaines de milliers de familles à brève échéance. Dans quinze à vingt ans, on verra ce que cette perte de 1.500.000 hommes coûte à la France. A ce moment, nous aurons depuis longtemps remplacé les 1.750.000 que nous avons perdus.

Trois jours plus tard, le Vorwärts *(25 mars 1923) disait encore :*

Nous faisons une distinction entre la sécurité matérielle de la France et le sentiment de cette sécurité, qui est affaire de psychologie...

Les Français, récemment, ont pensé à augmenter leur sécurité matérielle en démilitarisant la Rhénanie après son évacuation. C'est un point qu'on peut très bien discuter avec l'Allemagne...

Si l'on entend par neutralisation une neutralité comme celle de la Suisse, garantie de part et d'autre et équivalente à l'inviolabilité, sans arrière-pensée politique, alors la *Soʒial-demokratie* allemande défendra l'idée, surtout si, après une solution de la question des réparations, son exécution devait avoir pour conséquence logique l'évacuation rapide des territoires occupés.

Quoi qu'il en soit, les Français, malgré toutes les garanties qu'on pourrait leur offrir, ne se sentiraient pas en sécurité s'ils avaient à côté d'eux un peuple dont la population, augmentant sans cesse, torturée et froissée dans ses sentiments nationaux, se cramponnerait avec une énergie désespérée à l'idée de la revanche...

La *Sozial-demokratie*, à la Conférence de Francfort, a recommandé, contre l'opinion des camarades anglais même, la mise en vigueur d'un pacte de garantie franco-anglais. Elle a accueilli avec sympathie les projets de trêve que le Chancelier Cuno a fait transmettre, en décembre, à M. Poincaré, par l'intermédiaire des États-Unis.

La Chemnitzer Volkstimme (*socialiste*) *écrivait* (*commencement d'avril 1923*) :

Quant aux garanties de sécurité que demande la France, il sera nécessaire de les offrir et de les accorder sous n'importe quelle forme, pourvu qu'elles restent acceptables pour le peuple allemand (1).

Aux textes précédents, il est intéressant d'ajouter le passage suivant emprunté à la Germania (*catholique*) *dans son numéro du 9 avril 1923 :*

La peur des Français est devenue un problème international.

Les peuples cherchent à le résoudre et l'Angleterre, à en croire certains journaux, serait prête à aider la France dans cette tâche.

Cependant la solution de Loucheur pèche,

(1) D'après le *Bulletin de la Presse Allemande*, de Strasbourg, 17 avril.

comme tant d'autres qu'a suggérées la France, parce qu'elle entame la souveraineté du peuple allemand. L'organisation du Reich est une affaire toute intérieure. Il y a en Allemagne des personnes qui estiment que cette organisation n'est pas achevée. Mais elles refusent énergiquement de discuter ce problème sous la pression de l'étranger. La population rhénane a expressément renoncé à revendiquer l'application de l'article 18 (1) de la Constitution pendant toute la durée de l'occupation. Les désirs français ne trouvent pas le moindre écho en Rhénanie. Nous voulons bien tenir compte des sentiments français, à une double condition cependant. Il faut que la souveraineté du Reich soit entièrement sauvegardée, et, si l'on doit aboutir à un règlement de la question, il faut que ce règlement soit élaboré par voie de négociations d'égal à égal (2).

Les extraits qu'on vient de lire sont significatifs. Ils traduisent les opinions les plus modérées qui, cependant, ne pouvaient pas passer pour très encourageantes. Les évènements nous ont bien montré depuis que l'opinion allemande, dans son ensemble, n'était pas prête à « désarmer » moralement.

(1) Article qui reconnaît à la population des pays allemands le droit de modifier les frontières intérieures et de revendiquer son independance (sous certaines conditions).
(2) D'après le *Bulletin de la Presse Allemande*, de Strasbourg, 19 avril 1923.

III.. — *LES NOUVELLES SUGGESTIONS DU GOUVERNEMENT ALLEMAND*

Lorsque le Gouvernement du Reich, à partir du mois de mai 1923, a essayé d'entrer en conversation, il a recommencé à prétendre qu'il était prêt à conclure un « pacte de sécurité ». Mais ses propositions n'ont jamais revêtu une forme précise.

Le Gouvernement allemand, dans sa première note aux Alliés, le 2 mai, s'est borné à faire au problème de la sécurité, une brève allusion — dont les termes impliquaient qu'il fermait l'oreille aux suggestions précédentes.

Dans le même intérêt de collaboration pacifique de l'Allemagne et de la France, le Gouvernement allemand, ainsi qu'il a déja voulu le documenter en suggérant la conclusion d'un pacte du Rhin, est prêt à tout accord assurant la paix et fondé sur la réciprocité. Notamment, il est prêt à un accord qui engage l'Allemagne et la France à traiter, dans une procédure pacifique internationale, tous les différends qui pourraient s'élever entre elles et ne pourraient se régler par la voie diplomatique; les différends de nature juridique seraient soumis à une procédure d'arbitrage, tous les autres différends à une procédure de conciliation d'après le modèle des traités Bryan... (1).

Ces indications vagues pouvaient-elles suffire au Gouvernement français? Ces accords éventuels avaient-ils la moindre chance d'être respectés par

____

(1) Livre Jaune. *Documents relatifs aux notes allemandes des 2 mai et 5 juin, sur les réparations.* 1923, n° 1, p. 10.

l'Allemagne, qui a fait si bon marché des clauses du traité de Versailles?

Dans cet ordre d'idées, comme dans celui des réparations, — répondait M. Poincaré, le 6 mai, — la France et la Belgique ne sauraient se contenter de nouvelles déclarations allemandes : il leur faut des certitudes (1).

Et pourtant le nouveau Chancelier, M. Stresemann, inquiet sans doute des mouvements séparatistes qui commençaient à se développer en Rhénanie, faisait, dans un de ses premiers discours, le 2 septembre 1923, à Stuttgart, un nouvel appel au « pacte rhénan ».

L'Allemagne a déclaré, à différentes occasions, qu'elle est disposée à discuter la question des garanties, s'il s'agit d'unir tous les États ayant des intérêts sur le Rhin pour se garantir réciproquement, et pour une durée déterminée, l'intégrité de leur situation territoriale actuelle. L'Allemagne sera prête en tout temps à adhérer à une telle union pour la réalisation de ses idées pacifiques. Une Allemagne unie économiquement à la France offrira la plus grande garantie de paix. Si la France ne veut pas d'annexion, il lui est possible de transformer en réalité sa conception.

Le 18 septembre 1923, à Brieulles, le président du Conseil français répondait en ces termes aux projets esquissés par le Chancelier allemand :

... Nous devons donc exiger le montant de nos réparations et nous devons aussi veiller au maintien de notre sécurité. Mais, ni dans l'un ni dans l'autre

(1) *Ibid*, n° 2.

de ces deux ordres d'idées, nous ne voulons lâcher la proie pour l'ombre. L'Allemagne qui a, en fait, depuis plusieurs mois, complètement paralysé l'action de la Commission militaire interalliée de contrôle, présidée par le général Nollet (1), l'Allemagne qui peut à loisir fabriquer aujourd'hui des canons, des avions et des munitions, soit chez elle, soit dans d'autres pays, l'Allemagne qui d'ici à quelques années peut reparaître devant nous casquée, armée, prête à la revanche, l'Allemagne qui essaye de discréditer dans le monde nos vaillantes et fidèles troupes noires, parce qu'elle ne veut pas que nous soyions une nation de cent millions d'hommes, et parce qu'elle se flatte de nous dominer rapidement par le nombre, l'Allemagne nous susurre aujourd'hui des mots, qu'elle croit alléchants, et des promesses, dont elle attend merveille.

Certains de ses publicistes et de ses hommes politiques ont repris une idée de notre connaissance, avec l'espoir de nous la voir adopter. Pourquoi, disent-ils, les puissances riveraines du Rhin ne s'associeraient-elles pas toutes à quelques autres, pour garantir entre elles, pendant une période déterminée, le *statu quo* dans la région? Cet accord ne permettrait-il pas au monde de respirer dans le calme, pendant un certain temps ? Les promoteurs de cette ingénieuse combinaison prennent soin d'ajouter qu'il y a, chez nos alliés, des gens d'esprit qui la trouvent parfaite, et qui sont prêts à nous la recommander.

Remercions-les, tout de suite, et d'avance, mais

(1) La résistance de fait que l'Allemagne opposait aux Commissions de contrôle a été formulée officiellement par le gouvernement du Reich dans une note du 10 novembre.

ne laissons pas des amis de la France s'égarer dans des voies périlleuses. En créant la Société des nations, le traité de Versailles a posé en principe que toutes les nations qui en feraient partie s'engageraient mutuellement à respecter leur territoire. Le jour où l'Allemagne aura enfin rempli les obligations qu'elle a souscrites, elle sera libre de demander son admission dans la Société des nations, et, lorsqu'elle en sera devenue membre, la France et elle se garantiront réciproquement, par le fait même, contre une agression. Un pacte spécial aux frontières du Rhin n'ajouterait rien au texte du traité. Il aurait même le grave inconvénient d'affaiblir le pacte général, car, ne s'appliquant ni aux frontières de la Tchécoslovaquie, ni à celles de la Pologne, il semblerait laisser à l'Allemagne plus de liberté à l'est ou au sud qu'à l'ouest ; et il va sans dire que le jour où le Reich serait repris d'une fringale militariste, il commencerait à diriger ses attaques loin du Rhin, sauf à se retourner de notre côté si nous voulions secourir nos alliés. C'est l'observation que j'avais faite, l'an dernier, à M. Lloyd George, lorsqu'il nous parlait d'un pacte de garantie, qui ne devait jouer que pour le Rhin, et pendant quelques années seulement, et qui n'était, du reste, accompagné d'aucune sécurité militaire. A combien plus forte raison devrions-nous faire la même réponse aux Allemands qui nous présenteraient aujourd'hui cette toile camouflée ! (1)

Mais la question rhénane vient de se poser sous une nouvelle forme. Le 21 octobre, des éléments

____

(1) Texte donné par le *Temps* du 20 septembre 1923.

séparatistes ont réussi à proclamer la République. Dans l'esprit de ses promoteurs, ce mouvement, — né du malaise moral et des difficultés économiques dont souffrent les populations, — pourrait apporter, par contre-coup, une solution au problème de la sécurité. Les déclarations qu'on va lire ont eu soin de souligner cet aspect du programme séparatiste.

M. Matthes écrivait, le 4 août, dans son journal :

Débarrassons-nous de Berlin !

Non pas pour agir selon les désirs de la France, mais pour nous mêmes, pour le bien et le profit de la Rhénanie. Pour nous garantir de la politique de revanche de la Grande-Prusse, pour maintenir la paix !...

Nous autres, Rhénans indépendants, nous voulons que l'administration de notre État national soit animée d'un esprit vraiment républicain, qui manque totalement à l'Allemagne prussianisée. Nous lierons ainsi M. Poincaré, et la nation qu'il dirige, à la morale républicaine qu'il a souvent proclamée, et nous serons assurés de l'appui de toutes les vraies démocraties du monde.

C'est de cette façon, et pas autrement, que nous irons au-devant de la France, la main tendue et le cœur ouvert. La République française victorieuse et ses loyales alliées recevront de nous le juste gage de paix qu'elles désirent : une garantie contre la politique de revanche de la Grande-Prusse.

Faisant régner à l'intérieur la justice sociale et la tolérance religieuse, nous représenterons, à l'extérieur, la puissance politique et morale, dont la France et nous-mêmes avons besoin pour faire régner la paix de la Mer du Nord aux Alpes.

Nous en appelons à la grande nation de la Révolution française, qui fut une vraie libératrice des peuples, parce qu'elle était sortie d'un sentiment profond et vrai.

La liberté de la Rhénanie déprussianisée est la meilleure assurance de paix que puisse recevoir la France.

Une République rhénane, purifiée de l'esprit prussien et de l'esprit de sujétion, toute pleine d'un idéal de réconciliation internationale et de paix, trouvera tous les moyens appropriés pour vivre avec la France en bon voisinage et en bonne amitié (1).

Un des collaborateurs du Docteur Dorten, disait aussi, le 16 septembre, en exposant le programme du groupement :

... A l'extérieur un arrangement définitif et convenable avec la France. La question de la sécurité qu'elle exige est réglée par le seul fait de l'existence de l'État Rhénan ; la population rhénane évitera par tous les moyens qu'une guerre n'éclate dans l'avenir, — guerre qui ferait forcément de la Rhénanie le théâtre de la campagne, — et cela non pas, comme le disent les imposteurs de Berlin, pour les beaux yeux de la France, mais par pur égoïsme, par instinct de conservation.

La Rhénanie, pour remplir cette fonction, ne peut être ni une colonie française, ni une colonie prussienne, mais un État indépendant et qui des deux côtés se fera écouter... Nous voulons être Rhénans

(1) *Das Freie Rheinland*, n° 1, 4 août 1923 : « La France et nous ». L'article est signé J. F. M.

en toute première ligne pour des motifs d'égoïsme raisonnables. Nous voulons démentir à la face du monde les phrases mensongères, qui célèbrent le mérite de la Prusse dans l'histoire et dans la civilisation (1).

Mais le Gouvernement allemand, par la voix du Chancelier Stresemann, s'est empressé d'affirmer qu'il ne saurait être question pour le Reich de discuter avec les séparatistes.

... Les séparatistes ont essayé, sous la protection des baïonnettes françaises et belges, d'installer leur domination pour s'emparer de la Rhénanie et d'autres territoires allemands.

Si les Français et les Belges n'étaient pas derrière ce mouvement séparatiste, la population — et je dis *toute* la population — de la Rhénanie mettrait fin en vingt-quatre heures à cette sarabande carnavalesque... (2).

... Toute idée de séparation des territoires occupés d'avec le Reich ou les Etats allemands ne saurait faire l'objet d'une discussion pour le Gouvernement du Reich, ni pour les gouvernements des Etats particuliers (3).

Ces déclarations ont fourni l'occasion au chef du Gouvernement français de définir, une fois de plus, l'attitude qu'il entendait suivre :

(1) *Der Rheinlander*, n° 21, 16 septembre 1923.
(2) Pourtant, M. Streseman ne niait pas au début de septembre 1914 la réalité d'un mouvement rhénan, puisqu'il faisait offrir aux separatistes la perspective de l'autonomie dans le cadre du Reich. Cf. *Das Freie Rheinland*, n° 5, 1er septembre 1923.
(3) Discours de M. Streseman à Hagen (25 octobre 1923) *Temps* du 27.

Pendant que la Prusse, la Saxe et la Bavière cherchaient à se rejeter la responsabilité d'une anarchie qu'elles avaient toutes contribué à faire naître, et dont, n'en déplaise à M. Stresemann, elles portent seules la responsabilité, il a éclaté, dans les régions occupées, des mouvements que le malaise des populations et la vieille opposition de beaucoup d'entre elles à la Prusse ont spontanément provoqués. Ces initiatives ne sont pas notre fait ; nous sommes toujours restés scrupuleusement en dehors des affaires intérieures de l'Allemagne, et ce ne sont pas les allégations du Gouvernement allemand, outrageusement répandues en Europe et dans le Nouveau-Monde, qui obscurciront une vérité qui éclate aux yeux de tous les spectateurs impartiaux.

Quelle que soit demain la Constitution de l'Allemagne, quelles que soient plus tard les relations mutuelles des Etats qui composaient, au lendemain du Traité, l'Empire germanique, nous ne songerons jamais à violenter la conscience des populations et nous ne nourrirons aucun projet d'annexion. Mais nous ne renoncerons pas à réclamer des garanties permanentes de sécurité. Celles qui nous avaient été promises à Versailles ne nous ont pas été fournies. L'Allemagne a, de son côté, paralysé, depuis plusieurs mois, le contrôle des commissions millitaires interalliées ; elle s'est dérobée à la plupart des obligations qu'elle avait souscrites pour le nombre et l'armement des hommes gardés sous les drapeaux ; elle est à même de réadapter rapidement ses usines à la fabrication des canons et des munitions ; elle peut équiper en quelques jours une flotte aérienne ; elle n'a secoué aucune des influences militaristes qui l'ont si longtemps dominée; elle encourage ou tolère partout une propagande forcenée de revanche et d'impérialisme. Nous serions donc bien imprudents de ne pas nous tenir sur nos gardes et d'abandonner ou d'affaiblir nos moyens de protection (1).

Si le mouvement rhénan devait un jour triompher, ce serait donc par la volonté des Rhénans et par elle seule.

Mais il serait prématuré dans les circonstances actuelles de discuter les conséquences qui en résulteraient pour la sécurité de la France.

Un travail documentaire comme celui-ci doit se tenir à l'écart des hypothèses.

(1) Discours prononcé à Sampigny, le 29 octobre 1923.

CHAPITRE VI

LA SÉCURITÉ DE LA FRANCE
ET
LA SOCIÉTÉ DES NATIONS

Dans l'isolement où elle était réduite, la France a mis sa confiance dans la garantie directe que lui offre momentanément l'occupation rhénane. Mais là encore, elle a éprouvé des déceptions; les troupes américaines ont quitté le Rhin; les troupes anglaises ont voulu garder une attitude passive. Pourtant, la force des armes françaises et belges suffit aujourd'hui à assurer la sécurité des deux pays.

Est-ce à dire que la France ait renoncé à trouver une autre solution? En 1919, elle était prête à faire confiance à une garantie internationale, à condition de lui donner une organisation sérieuse. Elle n'a pas désavoué les projets de M. Léon Bourgeois. Dans les délibérations de la Société des nations, c'est en ce sens qu'elle a travaillé, en même temps qu'elle s'associait aux initiatives parallèles de certains hommes d'État étrangers. Arrangement international? Soit! mais à condition qu'il représente une garantie réelle. Pourquoi se payer d'illusions?

I. — *ORGANISATION DE LA COMMISSION MILITAIRE INTERNATIONALE*

C'est ainsi qu'en 1921, la délégation française a proposé à la deuxième Assemblée de la Société des nations une extension des pouvoirs de la Commission militaire internationale, pour assurer à la Ligue les moyens d'action nécessaires.

Rappelons d'abord quel est le caractère de cet organisme.

Cette Commission est chargée de renseigner le Conseil sur les questions militaires, navales et aériennes. Elle se compose de vingt-quatre membres, à raison de trois pour chacune des Puissances actuellement représentées au Conseil. L'un des trois membres est chargé des affaires militaires, un autre des affaires navales, et le troisième des affaires aériennes. Autrement dit, cette Commission est strictement technique ; c'est un groupement d'officiers distingués, jouissant de la confiance de leurs gouvernements respectifs. L'avantage d'une Commission de ce genre est de permettre au Conseil de se tenir constamment en contact avec l'autorité militaire responsable des États, qui y sont représentés [1].

La délégation française propose d'apporter l'amendement ci-dessous à l'Article IX du pacte de la Société des nations, qui est relatif à cette organisation :

---

[1] Rapport de M. Fisher, le 14 décembre 1920. *Actes de la première Assemblée de la Société des nations*, p. 505-506.

Une Commission permanente sera constituée pour donner, au Conseil, son avis sur l'exécution des prescriptions des articles XI et VIII (1) et pour procéder, dans les formes et au moment préalablement agréés par les gouvernements, aux constatations que le Conseil jugera nécessaires, en dehors des investigations spécialement prévues dans les stipulations d'ordre militaire, naval ou aérien des différents traités de paix.

Cette Commission sera chargée, en outre, par le Conseil, de le renseigner sur les questions militaires, navales et aériennes et notamment de prévoir et étudier les conditions de l'action commune que le Conseil pourrait, en vertu de l'article XVI, être appelé à recommander aux membres de la Société.

Dans le cas d'urgence, la Commission serait invitée, par le Conseil, à lui proposer des mesures d'effi cacité immédiate (2).

C'est en ces termes que M. Noblemaire a défendu la proposition française devant l'Assemblée de la Société des nations :

Remarquez que cet amendement n'implique quoi que ce soit d'inattendu, ni de nouveau, dans l'attitude de mon pays. Il se rattache en ligne droite, et sans aucune discontinuité, au système d'ensemble que la France vous a proposé l'année

______

(1) L'article VIII prévoit la réduction des armements nationaux L'article XI indique que le Conseil, en cas de menace de guerre, doit prendre les mesures propres à sauvegarder la paix : ces mesures sont citées à l'article XVI.

(2) *Actes de la deuxième Assemblée de la Société des nations, Séances plénières,* 1921, p. 658.

dernière. Que proposait-elle donc à ce moment ?

D'abord, l'achèvement du désarmement des nations, qui sont astreintes, par les stipulations précises des traités de paix qu'elles ont signés, à effectuer un désarmement selon certaines formes prévues; en second lieu, l'organisation du droit d'investigation, et nous vous disons encore que ce sont là deux conditions nécessairement préalables.

Cela dit, la France est tout à fait d'accord, non seulement pour appuyer les recommandations qui pourraient être faites, — cela va de soi et cela, malheureusement, ne va pas bien loin —, mais aussi, et surtout. pour aller plus loin, pour aller le plus loin possible et, par conséquent. pour réaliser pratiquement un véritable plan de limitation des armements. Cela, c'est la volonté de la France.

La condition essentielle de cette limitation des armements réside dans les engagements réciproques des différents Etats faisant partie de la Société des nations, et dans leur consentement mutuel à se donner réciproquement des moyens de vérification, sans aucune exception, sans aucune restriction: et cela ne comporte, quoi qu'on ait dit et quoi qu'on ait eu tort de dire, aucun esprit de suspicion contre aucun d'entre les Etats, parce que ces engagements seront communs à tous les États.

Aujourd'hui la France propose que, dans les formes et aux moments préalablement agréés par les gouvernements, il puisse être procédé pratiquement. efficacement, aux constatations que notre Conseil jugera nécessaire.

Nous savons qu'il y aura des difficultés techniques. Où les techniciens ne mettraient-ils pas des difficultés?... Elles ont pu être soulevées dans des commissions militaires; mais ce ne sont pas des difficultés techniques, lesquelles sont seules, — je me permets d'y insister —, de la compétence de la Commission permanente consultative, ce ne sont pas les difficultés techniques qui, de bien loin, sont les plus graves. Nous pensons qu'avec la bonne foi réciproque des États, qui est la base inévitable et indispensable, — bonne foi à laquelle, en France, nous croyons absolument et sans exception, bonne foi de laquelle je réponds solennellement, en ce qui concerne mon loyal pays, — ces difficultés techniques pourront être assez facilement résolues.

En troisième lieu, il est nécessaire de prévoir, d'abord, puis d'étudier les conditions d'une action commune pouvant être exercée par le Conseil au nom de la Société des nations, et en vertu de l'article XVI. Il est inutile que je vous rappelle dans quelles circonstances l'absence de toute action de contrôle ou de police peut exposer les décisions de la Société des nations à rester absolument inefficaces et un peu dérisoires. Or, nous voulons tous que notre action soit efficace et que personne ne puisse la tourner en dérision (1).

L'appel a été vain : Toutes les discussions, toutes les décisions ultérieures n'ont fait qu'amoindrir les maigres garanties qu'apportait l'article X du pacte.

(1) *Actes de la deuxième Assemblée de la Société des nations* p. 639-460.

II. — LE PROJET D'UN PACTE D'ASSISTANCE MUTUELLE

Pourtant, au moment même où se dévoilaient, plus nettement que jamais, les faiblesses d'une garantie générale, la question se posait — devant l'Assemblée de la Société des nations — d'appliquer l'article VIII du pacte, qui prévoyait la réduction des armements. Une Commission d'études avait été formée en février 1921. Ici encore, la France a pris une position parfaitement nette, parfaitement claire. Et ses vues pratiques n'ont pas été sans exercer une influence importante sur le cours des discussions.

Le Gouvernement français n'a jamais repoussé le principe d'une réduction générale des armements; il a seulement montré que certains pays ne pouvaient songer à désarmer, sans que leur sécurité fût assurée. L'Assemblee de la Société des nations en a convenu.

La délégation française s'est appliquée, dès lors, à définir les conditions d'une assistance mutuelle. Le projet de traité général, que prônaient certains délégués étrangers, n'ajoutait rien aux garanties insuffisantes, qu'offrait l'article X du pacte. La promesse d'assistance n'était efficace que si elle comportait un « plan préétabli ». Ces principes conduisaient à fonder la garantie sur des accords particuliers, dans le cadre du Traité général.

Ce sont ces idées françaises qui sont à la base du Traité d'assistance mutuelle dont le texte vient d'être adopté à Genève.

Les documents réunis ci-après permettront de suivre l'évolution de la question.

I. *La réduction des armements n'est possible que dans la mesure où la sécurité du pays est assurée. Telle est la thèse que M. Noblemaire, délégué de la France, a soutenu devant la deuxième Assemblée, de la Société des nations, le 1er octobre 1921.*

... Notre pacifisme n'est point systématiquement sourd aux clameurs guerrières, qui retentissent encore en trop de points du globe. Il n'est pas systématiquement aveugle aux lueurs des incendies, qui continuent de flamboyer aux quatre coins de l'horizon.

Nous marchons tous vers la même étoile, c'est entendu ; mais, pardonnez-moi si je n'oublie pas qu'il est de chez nous, le délicieux fabuliste, qui a raconté l'histoire de l'astrologue qui se laisse tomber dans un puits. Pourquoi ne pas le dire? Nous considérons comme un des pires risques de guerre un pacifisme outrancier, systématiquement sourd et aveugle à la rudesse des réalités présentes, qui mènerait de tendres brebis bêlantes, non vers la molle Arcadie, à laquelle elles prétendent avec une généreuse et folle ingénuité, mais bien, et tout droit, à l'abattoir.

Nous voulons, avec les réparations nécessaires, les réparations qui nous sont dues ; nous voulons nos sécurités. Puisque l'illustre M. Branting a touché à cette question, il me permettra, avec tout le respect que j'ai pour lui, d'expliquer ce que nous voulons, quand nous disons que nous voulons nos sécurités. Nous voulons ces sécurités que tous veulent, et qu'ils ont bien raison de vouloir ; nous les voulons telles qu'elles nous sont dues par l'observation des traités, cette observation loyale et complète qui est l'un des fondements les plus essentiels de notre pacte. Nous sommes complètement dans l'esprit et dans la lettre de cette charte commune à nous tous, en affirmant que, ces sécurités, chacun de nous doit les vouloir et doit les réaliser pour lui-même et pour ses voisins.

Et nous sommes bien forcés de dire qu'en ce qui nous concerne, aujourd'hui, à l'heure où je parle, nous ne les sentons pas encore suffisantes. Nous les sentons meilleures qu'hier, mais nous les voulons bien meilleures encore (1).

II. *Le rapporteur de ces questions devant la Société des nations, lord Robert Cecil, accepte bientôt de lier la réduction des armements au problème de la sécurité. Mais, il croit que cette sécurité peut être assurée par un traité général d'assistance mutuelle. Ce système de « garanties morales » lui paraît suffisant* (2).

...Si vous voulez persuader à la grande masse des nations, et particulièrement aux nations européennes, d'opérer une sérieuse réduction de leurs armements terrestres, vous devez leur donner, comme compensation, une garantie. Vous trouverez dans notre rapport les termes mêmes de cette proposition. Comme j'ai déjà abusé de votre temps, je ne lirai point ces résolutions. Vous verrez qu'elles ont pour principe que, si l'on veut arriver à une

(1) M. Noblemaire, 1ᵉʳ octobre 1921. *Actes de la deuxième Assemblée de la Société des nations, Séances plénières*, p. 641
(2) Rapport de Lord Robert Cecil. *Société des Nations. Actes de la troisième Assemblée*. Vol. I, pp. 242-243.

réduction effective, vraiment effective, des armements, cette réduction doit être générale. C'est là une chose évidente. On ne peut se contenter d'une réduction partielle, car ce serait laisser les nations, dont les armements auraient été réduits, à la merci de celles qui ne les auraient pas réduits. Ce doit être une opération générale.

Vous ne pouvez espérer voir un grand nombre de pays réduire leurs armements, si vous ne leur offrez comme compensation une garantie, et nous suggérons que cette garantie peut se trouver dans ce que nous appelons un « traité de garantie mutuelle », c'est-à-dire un traité qui assurera une aide effective, réelle et prévue dans ses détails, à toute nation soudainement attaquée. Mais, cette garantie, pour être effective en vue du désarmement, doit-être le corollaire d'un désarmement ; et je voudrais dire à cette Assemblée que, si je suis persuadé que de cette façon, et de cette façon seule, on peut envisager un plan de désarmement, il est certains dangers contre lesquels il faut se tenir en garde, et soigneusement. Il ne faut pas permettre que ce pacte de garantie mutuelle, qui a pour but le désarmement, puisse se transformer au point de ne devenir qu'un traité, comme les traités d'autrefois, d'alliance défensive.

III. *Devant la troisième Assemblée de la Société des nations, M. Henry de Jouvenel, oppose à ces projets le plan français de pactes particuliers dans le pacte général* (1).

Lord Robert Cecil, par le pacte de garantie, a

(1) Déclaration de M. de Jouvenel, le 26 septembre 1922 *Actes...* T. I, p. 252.

commencé l'organisation des sanctions et, par là, il a répondu à l'un des desseins les plus chers des représentants de mon pays, à celui que, avec la clarté de son intelligence sereine, M. Léon Bourgeois définissait aux premiers jours de la Société des nations, et qu'a porté au loin la grande voix de M. Viviani. Lord Robert Cecil a cherché à organiser cette force internationale, qui doit être la base du droit international. Dans le pacte de garantie qu'il a proposé au cours de la discussion qui s'est instituée à ce sujet, il est apparu qu'au sein de la troisième Commission se présentaient trois conceptions un peu différentes : conception de lord Robert Cecil, qui veut un pacte général, ou plutôt qui veut commencer par un pacte général, liant, à la même heure, tous les pays du monde, les amenant à désarmer, dans la même proportion, et apportant, à tous, une garantie sans risques ; conception scandinave, qui consiste à dire que le désarmement doit être général, mais que le pacte de garantie n'a pas besoin de l'être, que des pays peuvent jurer d'observer la paix sans s'engager à la faire observer par les autres ; il y a eu, enfin, la conception latine, qui a été soutenue par les représentants de l'Italie, du Brésil, de la Roumanie, de la Pologne, d'autres pays encore, et qu'a défendue, avec une opiniâtreté dont il s'excuse, le représentant de la France.

Evoquant le souvenir, qui n'est pas lointain, de l'invasion de la Belgique, le souvenir, plus proche encore, de l'invasion de la Pologne, constatant qu'il y a en ce moment, en Europe, deux grandes puissances dont l'entente est le principal péril de la paix européenne, — l'une, mystérieuse, plus fermée aujourd'hui qu'aux premiers jours de la civilisation, pouvant faciliter, à l'abri de toutes les commissions de contrôle, la préparation de la guerre prochaine; l'autre pouvant fournir des cadres à la première —, convaincu que l'humanité doit se porter d'abord sur les points les plus menacés, je crois, pour ma part, que le pacte général doit être précédé de pactes particuliers; qu'il ne faudrait pas suspendre toute la cause du désarmement et de la paix à l'hypothèse du pacte général, car ce serait la faire aussi dépendre du refus d'une seule nation; mais je crois, au contraire, que les grandes nations occidentales devraient conclure, entre elles, des pactes particuliers.

Par ces pactes particuliers, ces grandes nations prendraient des engagements, non seulement les unes vis-à-vis des autres, mais encore et surtout envers les petites nations, envers les faibles; elles accorderaient leur garantie aux frontières les plus menacées. Elles permettraient ainsi de réduire les armements des nations qui en ont le plus besoin, qui sont le plus portées à s'armer, et elles ne laisseraient, en aucun cas, les nations faibles et de bonne foi à la merci des gouvernements d'impérialisme, de force et d'aventure.

La Commission temporaire mixte et la Commission permanente consultative étudieront ces trois formes, dont nous ne repoussons aucune, en considérant, d'ailleurs, que la plus souhaitable est celle que préconise lord Robert Cecil.

Quoi qu'il en soit, et sous quelque forme que se concluent plus tard ces pactes, il est vrai qu'ils ne doivent pas ressembler aux alliances d'avant-guerre et qu'ils doivent demeurer perpétuellement accessibles à tous les peuples de bonne foi, pourvu que ceux-ci fassent la preuve de leur bonne foi.

IV. *L'Assemblée adopte l'essentiel des suggestions de M. de Jouvenel. Elle admet en principe que la garantie puisse être fondée sur des pactes particuliers aussi bien que sur un pacte général. Voici le texte de sa résolution :*

1° Aucun plan de réduction des armements, dans le sens de l'article VIII du Pacte ne peut pleinement aboutir que s'il est général.

2° Dans l'état actuel du monde, un grand nombre de gouvernements ne pourraient assumer la responsabilité d'une sérieuse réduction des armements, à moins de recevoir en échange une garantie satisfaisante pour la sécurité de leur pays.

3° Une telle garantie peut être fournie par un accord défensif accessible à tous les pays, qui engagerait les parties à porter assistance effective et immédiate, et suivant un plan pré-établi, au cas où l'un d'eux serait attaqué, pourvu que l'obligation de venir en aide à un pays attaqué soit limitée, en principe, aux pays qui seront situés dans la même partie du globe. Cependant, dans des cas où pour des raisons historiques, géographiques ou autres, un pays court, tout particulièrement, risque d'être attaqué, des mesures spéciales devront être prises pour sa défense, en exécution du plan précédent.

4° La réduction générale des armements étant le but des résolutions qui précèdent, et le pacte de garantie le moyen de réalisation, il va de soi que le consentement préalable à cette réduction est la première condition du pacte.

Cette réduction peut s'opérer, soit sous la forme, qui serait la plus souhaitable, d'un traité général, soit sous la forme de traités particuliers, mais destinés à s'élargir et demeurant accessibles à tous les pays.

Dans le premier cas, le traité entraîne la réduction générale des armements ; dans le second cas, la réduction devra être proportionnée aux sécurités que le traité de garantie apportera.

C'est ce texte, connu sous le nom de Résolution XIV. *qui a été dans le courant de l'année 1923, soumis à l'examen et à l'avis des gouvernements.*

V. *A cette enquête, le Gouvernement français a donné, le 15 juin 1923, la réponse suivante* (1) :

Le Gouvernement de la République a examiné avec la plus sérieuse attention et la plus grande sympathie les propositions contenues dans la résolution XIV de la troisième Assemblée.

Il reconnaît tout l'intérêt de lier la question de la sécurité et celle de la réduction des armements nationaux, que l'article VIII du Pacte ne sépare pas, et de chercher à résoudre ainsi l'une par l'autre. A ce point de vue, l'organisation efficace d'une assistance mutuelle entre États lui paraît susceptible de donner effet aux obligations inscrites à l'article X : « de respecter et de maintenir contre toute agression extérieure l'intégrité territoriale et l'indépendance politique des États membres », et de faciliter, en conséquence, la réduction des armements nationaux, conformément à l'article VIII, « dans la

(1) Société des Nations. *Journal officiel*, 1923, n° 9, p. 1078-1080.

mesure compatible avec la sécurité nationale et l'exécution des obligations internationales imposées par une action commune ».

Il se permet, toutefois, d'observer qu'il serait prématuré, et d'ailleurs impraticable, de chercher à rédiger *un traité* fixant des modalités d'application, avant d'avoir déterminé l'organisation générale d'assistance mutuelle, sur laquelle semblable traité devrait se fonder.

Or, la résolution XIV n'a pas fixé cette organisation, elle a seulement posé certains principes et suggéré, sans se prononcer, *deux méthodes*, en confiant à ses Commissions d'étude le soin d'examiner les conditions d'application de l'une et de l'autre, en même temps qu'elle demandait l'avis des gouvernements.

Le Gouvernement de la République a fait procéder à des études techniques approfondies des conditions d'application des méthodes suggérées par l'Assemblée. Ses conclusions sont généralement conformes à celles que la Commission permanente consultative a présentées dans son rapport du 23 avril 1923, en se plaçant à un point de vue technique plus général et, partant, plus théorique.

Avant d'exposer son avis, le Gouvernement de la République désire préciser le sens qu'il attache à certaines des dispositions de la résolution XIV.

Il prend acte, tout d'abord, des deux principes suivants, énoncés par l'Assemblée :

a) La complète validité de tous les traités de paix ou autres accords existants et connus entre États ;

b) La nécessité de mesures spéciales, dans le cas,

où, pour des raisons historiques, géographiques ou autres, un pays court tout particulièrement risque d'être attaqué — ces « mesures spéciales » devant, d'après lui, viser non seulement l'aide prévue par un pacte, mais encore les dispositions qu'un gouvernement serait conduit à prendre pour sa propre sécurité.

Il tient, en outre, à spécifier que le projet de traité de garantie mutuelle envisagé par l'Assemblée *doit être destiné à la garantie mutuelle des États Membres de la Société*, attendu qu'il s'agit. en l'espèce, de donner effet à certaines dispositions du Pacte de la Société.

Enfin, le paragraphe 4 de la résolution XIV pourrait laisser supposer que les réductions d'armements. correspondant à l'une ou l'autre des méthodes dites du traité général ou des traités particuliers, se fonderaient sur des *principes différents*, alors qu'il ne peut s'agir que de *modalités différentes* d'application d'un seul et même principe. Quelle que soit, en effet, la forme de la méthode admise, traité général ou traités particuliers, c'est toujours aux sécurités apportées par le traité que pourraient être proportionnées des réductions d'armements, la façon de procéder à ces réductions différant seulement par la plus ou moins grande difficulté d'application, dans l'un ou l'autre cas.

Cela posé, l'examen d'ensemble. tant du point de vue politique que du point de vue technique, conduit le Gouvernement de la République à émettre l'avis suivant :

1° Les réductions d'armements visées par la résolution XIV ne doivent être consenties, qu'en échange d'appuis extérieurs, de même valeur pratique et de même rapidité d'application.

Il en résulte :

a) Que l'assistance mutuelle exige la *préparation* expressément prévue au paragraphe 3 de la résolution ;

b) Que ladite assistance contient, cependant, quoi qu'on fasse, une part d'aléas, telle qu'aucun pays ne peut se dispenser de rester en mesure de pourvoir, le cas échéant, à sa sécurité par ses propres moyens,

c) Que tout barème d'armements, établi *a priori*, doit être rejeté;

d) Qu'enfin, les réductions d'armements ne peuvent que suivre les mesures prises pour assurer l'assistance mutuelle et ne peuvent en aucun cas les précéder.

2º Examinant la méthode dite du traité général, le Gouvernement de la République estime que semblable traité serait d'une heureuse influence sur le maintien de la paix, mais ne fournirait *à lui seul* que des sécurités incertaines, non mesurables et, par suite, peu susceptibles d'entraîner une réduction des armements plus rapide ou plus complète que celle à laquelle procèdent, d'eux-mêmes, la plupart des gouvernements, depuis quatre ans déjà. Ces réductions ont été communiquées, l'an dernier, à la Société des nations, par un certain nombre de gouvernements, et elles ont fait l'objet de la lettre du Gouvernement français du 30 juin 1922. Le vote récent, par le Parlement français, de la loi réduisant, de moitié, la durée du service militaire, a, d'ailleurs, permis une réduction d'armements sensiblement supérieure aux prévisions qui avaient été communiquées, par avance, à la Société des nations;

3° L'examen de la seconde méthode, dite des traités particuliers, le conduit à penser qu'une assistance militaire, préparée par des conventions précises, entre des États ayant à faire face à une ou plusieurs éventualités de dangers communs, pourrait justifier une réduction de leurs armements du temps de paix;

4° Le Gouvernement de la République estime, d'ailleurs, que le but visé par l'Assemblée ne saurait être atteint par le choix et l'application *exclusifs* de l'une ou de l'autre méthode, et que la solution la meilleure consisterait à combiner, dans une convention générale, deux formes d'assistance mutuelle, répondant aux conditions de la guerre moderne et à la diversité des situations des différents États :

a) Pour ceux d'entre eux qui le désirent, une assistance *militaire immédiate* et une mise en œuvre, jusqu'à un certain point *automatique*, fournie par des conventions particulières, visant, plus spécialement, certaines hypothèses de conflit déterminées, et constituant un dispositif particulier d'application du principe général posé par l'Assemblée;

b) Pour tous les États, une assistance *générale progressive* et *conditionnelle* s'étendant à tous les domaines (militaire, économique, financier) fournie par un *traité général dans le cadre duquel entreraient les conventions particulières précitées.*

5° Le Gouvernement de la République estime que, pour éviter de donner à l'opinion publique l'illusion d'une sécurité, qui ne serait pas encore établie, la conclusion d'un traité général ne devrait pas précéder celle des conventions particulières qui, seules, lui donneraient une valeur pratique, et que l'expression « traité de garantie mutuelle » devrait être remplacée par celle de « traité d'assistance mutuelle ».

6° Quelle que soit, d'ailleurs, *la forme du traité*, la principale difficulté, soulevée par son élaboration, consisterait, sans doute, à fixer les dispositions permettant de déterminer quel est l'État agresseur, et à partir de quel moment il y a agression. Ces difficultés ont été clairement exposées par le rapport de la Commission permanente consultative. Le gouvernement de la République apprécie la valeur des observations qu'il contient. Il croit devoir suggérer, en outre, que l'énumération des différents cas d'agression devrait notamment comprendre le fait, pour un État :

a) De ne pas s'être conformé aux mesures de désarmement prévues par les traités de paix ;

b) D'avoir fait procéder à sa mobilisation industrielle et économique, soit directement sur son propre territoire, soit par des personnes ou sociétés interposées sur un territoire étranger ;

c) D'avoir entrepris, clandestinement, sa mobilisation militaire, soit par la formation et l'emploi de corps francs, soit par des mesures analogues à la proclamation de l' « état de danger de guerre ».

7° Le Gouvernement de la République estime qu'un traité d'assistance mutuelle, pour avoir chance d'être appliqué, doit avoir nécessairement prévu les ressources financières indispensables à la mise en route et à l'entretien des forces d'assistance, ainsi que, d'une façon générale, la répartition des charges financières, de toute nature, résultant de l'ensemble d'un conflit.

8° Enfin, le Gouvernement de la République tient à préciser que, si les conventions particulières, dispositifs particuliers d'application du principe général d'assistance mutuelle, doivent rester «ouvertes», il est bien évident, toutefois, que l'adhésion de nouveaux États à ces conventions ne peut se concevoir sans le consentement unanime des premiers États contractants.

Telles sont les conclusions auxquelles est arrivé le Gouvernement de la République, à la suite d'une étude approfondie, et qui pourront être utilisées par la Commission temporaire suivant le vœu de l'Assemblée et du Conseil.

Il espère avoir répondu à l'appel de M. le président, en exercice, du Conseil de la Société des nations, dont la lettre du 23 octobre soulignait, si justement, le fait que les travaux entrepris par la Société des nations ne pouvaient plus se poursuivre sans la collaboration des gouvernements. Le Gouvernement de la République est très désireux d'apporter cette collaboration, dans la mesure la plus large, aux efforts qui ont pour but de maintenir la paix et de permettre une réduction des armements, par une organisation précise et efficace de l'assistance mutuelle entre États membres de la Société.

Le point de vue de la France était ainsi nettement défini. Il est étrange que le Gouvernement anglais se soit abstenu de présenter le sien.

VI. *Les études préparatoires auxquelles les représentants de la France à la Commission temporaire mixte de la Société, — M. Albert Lebrun, M. Jean Fabry et le Lieutenant-Colonel Réquin —, ont pris une part prépondérante, ont abouti, en septembre 1923, à l'établissement d'un projet de traité d'assistance mutuelle (1).*

Les Hautes Parties contractantes, désireuses d'établir les bases d'une organisation d'assistance mutuelle, afin de faciliter l'application des articles X et XVI du Pacte de la Société des nations et la réduction ou la limitation des armements nationaux, conformément à l'article VIII dudit Pacte, « au minimum compatible avec la sécurité nationale et avec l'exécution des obligations internationales, imposée par une action commune », sont convenues des dispositions suivantes :

Article premier

Les Hautes Parties contractantes affirment que la guerre d'agression constitue un crime international et prennent l'engagement solennel de ne pas se rendre coupable de ce crime.

« Ne sera point considéré comme guerre d'agression, celle dirigée par un État partie à un différend et qui a accepté la recommandation unanime du Conseil, l'arrêt de la Cour permanente de Justice internationale ou la sentence arbitrale, contre une Haute Partie contractante qui ne l'a pas acceptée, pourvu, toutefois, que le premier État ne vise pas à porter atteinte à l'indépendance politique ou à l'intégrité territoriale de la Haute Partie contractante.

(1) Le texte de ce projet est donné ici d'après le rapport de M. Bénès au nom de la 3ᵉ Commission de la Société des nations, page 7.

Article 2.

Les Hautes Parties contractantes s'engagent, individuellement et collectivement, à porter assistance, conformément aux stipulations du présent traité, à l'une quelconque d'entre elles, au cas où celle-ci serait victime d'une guerre d'agression, à condition qu'elle se soit conformée aux dispositions du présent traité, en ce qui concerne la réduction ou la limitation des armements.

Article 3.

Dans le cas où l'une quelconque des Hautes Parties contractantes estimerait que les armements d'une autre Haute Partie contractante excèdent les limites fixées à cette Haute Partie contractante, par application des dispositions du présent traité, ou redouterait un début d'hostilité, à raison de la politique agressive ou des préparatifs d'un autre Etat, partie ou non au présent traité, elle pourra informer le Secrétaire général de la Société des nations qu'elle est menacée d'agression ; le Secrétaire général devra, en ce cas, convoquer immédiatement le Conseil.

Si le Conseil est d'avis qu'il existe des motifs plausibles de redouter une agression, il pourra prendre toute mesure pour écarter cette menace et notamment, s'il l'estime juste, celles indiquées aux *litteras* *a*), *b*), *c*), *d*), *e*), du deuxième paragraphe de l'article 5.

Seront considérées comme spécialement intéressées, et devront être invitées à se faire représenter au Conseil, aux termes des articles IV, XV et XVII du Pacte, sans toutefois que le vote de leur représentant soit compté dans le calcul de l'unanimité, les Hautes Parties contractantes dénoncées et celles qui se seront dites l'objet de la menace d'agression.

Article 4.

Dans le cas où une ou plusieurs des Hautes Parties contractantes se trouveraient engagées dans des hostilités, le Conseil de la Société des nations devra déclarer, dans les quatre jours de la notification qui aura été adressée au Secrétaire général, quelles sont les Hautes Parties contractantes qui sont victimes d'une agression et si elles sont en droit de réclamer l'assistance prévue dans le traité.

Les Hautes Parties eontractantes s'engagent à accepter la décision formulée par le Conseil de la Société des nations.

Seront considérées comme spécialement intéressées et devront donc être invitées à se faire représenter au Conseil (aux termes des articles IV, XV et XVII du Pacte), sans toutefois que le vote de leur représentant soit compté dans le calcul de l'unanimité, les Hautes Parties contractantes engagées dans les hostilités ; il en sera de même des Etats signataires de tout accord particulier, appelé à jouer avec l'un quelconque des belligérants, à moins que les membres restant du Conseil n'en décident autrement.

Article 5.

Les Hautes Parties contractantes s'engagent à se prêter mutuellement assistance, dans le cas indiqué à l'article 2 du traité, dans la forme arrêtée par le Conseil de la Société des nations comme la plus efficace, et à prendre, sans délai, toutes mesures appropriées, dans l'ordre d'urgence commandé par les circonstances.

En particulier, le Conseil pourra :

a) Décider d'appliquer immédiatement, à l'État agresseur, les sanctions économiques prévues par l'article XVI du Pacte, les membres de la Société, non signataires du présent traité, n'étant toutefois liés, par cette décision, que dans le cas où l'État attaqué est fondé à se prévaloir des articles du Pacte ;

b) Désigner les Hautes Parties contractantes dont il requiert l'assistance. La participation aux opérations militaires, navales ou aériennes ne sera pas, en principe, demandée aux Hautes Parties contractantes situées dans un continent autre que celui dans lequel les opérations doivent avoir lieu ;

c) Déterminer les forces que chaque État assistant devra mettre à sa disposition ;

d) Prescrire toutes mesures pour assurer la priorité des communications et transports relatifs aux opérations ;

e) Préparer un plan de coopération financière entre les Hautes Parties contractantes, en vue de fournir, à l'État attaqué et aux États assistants, les fonds nécessaires aux opérations ;

f) Désigner le commandement en chef, et lui fixer le but et la nature de sa mission ;

Ne pourront prendre part aux délibérations du Conseil, prévues dans cet article, les représentants des États qui auront été reconnus agresseurs, conformément aux dispositions de l'article 4 du traité.

Seront, par contre, considérées comme spécialement intéressées et devront en cette qualité être invitées à se faire représenter, si elles ne le sont déjà, en vue des délibérations visées aux *litteras c*), *d*), *e*), *f*), les Hautes Parties contractantes dont l'assistance aura été requise par le Conseil, conformément au *littera b*).

Article 6.

En vue de donner une efficacité immédiate à l'assistance générale prévue aux articles 2, 3 et 5, les Hautes Parties contractantes pourront conclure, soit à deux, soit à plusieurs, des accords complémentaires au présent traité, dans le but exclusif d'assurer leur défense mutuelle et de faciliter l'exécution des mesures prescrites à ce traité, en réglant à l'avance l'assistance qu'elles se prêteraient dans des éventualités d'agression déterminées.

Ces accords pourront, si les Hautes Parties contractantes intéressées le désirent, être négociés et conclus sous les auspices de la Société des nations.

Article 7.

Les accords complémentaires, prévus à l'article 6, seront, avant tout enregistrement, examinés par le Conseil, au point de vue de leur conformité avec les principes du présent traité et du Pacte.

En particulier, le Conseil examinera si les cas d'agression, prévus dans ces accords, sont compris dans les termes de l'article 2, et sont de nature à donner ouverture à l'obligation d'assistance des Hautes Parties contractantes. Le Conseil pourra, le cas échéant, suggérer des changements au texte des accords qui lui sont soumis.

Lorsqu'ils auront été reconnus tels, ces accords devront être enregistrés, conformément à l'article XVIII du Pacte. Ils seront considérés comme complémentaires au présent traité et ne limiteront, en rien, les obligations générales des Hautes Parties contractantes ni les sanctions prévues contre tout État agresseur, telles qu'elles résultent du présent traité.

Ils seront accessibles, avec le consentement des États signataires, à toute autre Haute Partie contractante.

Article 8.

Les États signataires des accords complémentaires peuvent s'engager dans ces accords à mettre immédiatement à exécution, dans les cas d'agression qui y sont prévus, le plan d'assistance arrêté. Ils devront, en ce cas, informer, sans retard, le Conseil de la Société des nations, des mesures qu'ils ont prises, pour assurer l'exécution de ces accords.

Sous réserve du paragraphe précédent, les dispositions des articles 4 et 5 ci-dessus entreront également en vigueur, à la fois dans les cas prévus dans les accords complémentaires, et dans les autres cas tombant sous l'application de l'article 2 et qui ne seraient pas envisagés dans les accords.

Article 9.

Afin de faciliter l'application du présent traité, toute Haute Partie contractante pourra négocier, par l'intermédiaire du Conseil, l'établissement de zones démilitarisées, avec un pays ou plusieurs pays limitrophes.

Le Conseil, avec la coopération des représentants des Parties intéressées siégeant comme membres aux termes de l'article 4 du Pacte, devra s'assurer, au préalable, que l'établissement de la zone démilitarisée demandée n'exige pas de sacrifices unilatéraux, du point de vue militaire, de la part des Hautes Parties contractantes intéressées.

Article 10.

Les Hautes Parties contractantes conviennent que la totalité des frais de toute opération d'ordre militaire, naval ou aérien, entreprise conformément aux termes du présent traité et des accords défensifs complémentaires, y compris la réparation de tous dégâts matériels occasionnés par les opérations, sera supportée par l'État agresseur jusqu'à l'extrême limite de sa capacité financière.

Les sommes payables, aux termes du présent article, par l'État agresseur, constitueront, dans la mesure fixée par le Conseil, une charge de premier rang sur tout l'actif et les recettes de cet Etat. Le remboursement du capital et le service des intérêts de tout emprunt intérieur ou extérieur, que l'Etat agresseur aurait contracté directement ou indirectement au cours de la guerre, seront suspendus jusqu'au paiement complet des frais et réparations.

Article 11.

Les Hautes Parties contractantes, tenant compte des sécurités que leur apporte le présent traité et des limitations auxquelles elles ont consenti, dans d'autres traités internationaux, s'engagent à faire connaître, au Conseil de la Société des nations, les réductions ou limitations d'armements, qu'elles estiment proportionnées aux sécurités fournies par le traité général ou par les accords défensifs complémentaires.

Elles prennent, en outre, l'engagement de coopérer à l'établissement de tout plan général de réduction des armements, que le Conseil de la Société, tenant compte des informations qui lui sont ainsi fournies par les Hautes Parties contractantes, pourra proposer, en exécution de l'article VIII du Pacte.

Ce plan sera soumis à l'examen et à la décision des gouvernements et, une fois approuvé par eux, formera la base de la réduction envisagée dans l'article 2 du traité.

Les Hautes Parties contractantes s'engagent à effectuer cette réduction dans un délai de deux ans, à dater de l'approbation du plan en question

Les Hautes Parties contractantes s'engagent, conformément aux stipulations du quatrième paragraphe de l'article VIII du Pacte de la Société des nations, à ne plus augmenter les armements ainsi réduits, sans le consentement du Conseil.

Article 12.

Les Hautes Parties contractantes s'engagent à fournir aux délégués, militaires ou autres, de la Société des nations, tous les renseignements sur leurs armements, que le Conseil pourrait solliciter.

Article 13.

Les Hautes Parties contractantes conviennent que l'état d'armements déterminé pour chacune d'entre elles, conformément au présent traité, sera sujet à revision, à l'expiration de chaque délai de cinq ans, à dater de la première entrée en vigueur du présent traité.

Article 14.

Le présent traité ne porte, en rien, atteinte aux droits et obligations qui résultent des dispositions, soit du Pacte de la Société des nations, soit des Traités de paix signés en 1919 et 1920 à Versailles, Neuilly, Saint-Germain et Trianon, ainsi que des dispositions des accords enregistrés à la Société des nations et rendus publics par elle, à la date de l'entrée en vigueur du présent traité, en ce qui concerne les puissances signataires ou bénéficiaires des dits traités ou accords.

Article 15.

Les Hautes Parties contractantes déclarent reconnaître, dès à présent, comme obligatoire de plein droit, la juridiction de la Cour permanente de Justice internationale, pour l'interprétation du présent traité.

Article 16.

Le présent traité restera ouvert à la signature de tous les États, membres de la Société des nations, ou mentionnés à l'annexe du Pacte.

Les États qui ne sont pas membres pourront y adhérer, avec le consentement des deux tiers des Hautes Parties contractantes pour lesquelles le traité est entré en vigueur.

Article 17.

Tout État peut, avec l'assentiment du Conseil de

la Société, envoyer une adhésion, conditionnelle ou partielle, aux stipulations dudit traité, pourvu toutefois que cette adhésion ne soit acceptée que si l'État intéressé a réduit ou est prêt à réduire ses forces, conformément aux dispositions du présent traité.

Article 18.

Le présent traité sera ratifié et les instruments de ratification seront déposés, le plus tôt possible, au Secrétariat général de la Société des nations.

Il entrera en vigueur :

Pour l'Europe, quand il aura été ratifié par cinq États, dont trois représentés d'une façon permanente au Conseil ;

Pour l'Asie, quand il aura été ratifié par deux États, dont un représenté d'une façon permanente au Conseil ;

Pour l'Amérique du Nord, quand il aura été ratifié par les États-Unis d'Amérique ;

Pour l'Amérique centrale et les Antilles, quand il aura été ratifié par un État des Antilles et deux de l'Amérique centrale ;

Pour l'Amérique du Sud, quand il aura été ratifié par quatre États ;

Pour l'Afrique et l'Océanie, quand il aura été ratifié par deux États.

A l'égard des Hautes Parties contractantes qui ratifieront ultérieurement le traité, il entrera en vigueur à la date du dépôt de l'instrument.

Le Secrétariat général communiquera aussitôt une copie, certifiée conforme, des instruments de ratifications reçus.

Il est entendu que les droits, prévus aux articles 2, 3, 5, 6 et 8 de ce traité, n'entrent en vigueur, pour chaque Haute Partie contractante, que lorsque le Conseil aura certifié que ladite Haute Partie contractante a réduit ses armements, conformément au présent traité, ou a pris les mesures nécessaires pour assurer l'exécution de cette réduction dans un délai de deux ans, à dater de l'acceptation par ladite Haute Partie contractante d'un plan de réduction ou de limitation des armements.

Article 19.

Le présent traité est conclu pour une durée de quinze ans à dater de sa première entrée en vigueur.

Après ce délai, il sera prolongé automatiquement pour les États qui ne l'auraient pas dénoncé.

Toutefois, si un des Etats membres permanents du Conseil dénonce le présent traité, celui-ci ne pourra plus exister à partir du moment où cette dénonciation prendra effet.

La dénonciation sera faite au Secrétaire général de la Société des nations, qui en fera notification sans retard à toutes les Puissances liées par le présent traité.

La dénonciation prendra effet douze mois après la date de la remise de la notification au Secrétaire général de la Société des nations.

Si des opérations, exécutées par application de l'article 5 du présent traité, sont en cours d'exécution au moment de l'expiration du délai de quinze ans prévu au paragraphe premier du présent article, ou au moment d'une dénonciation faite dans les conditions déterminées ci-dessus, le traité restera en vigueur pour toutes les Hautes Parties contractantes, jusqu'à ce que l'état de paix soit complètement rétabli.

Tel est le projet qui, sur la proposition du délégué de la France, M. Albert Lebrun, va sans doute être soumis à l'examen des gouvernements, pour qu'ils fassent connaître leur avis.

Le sort de ce projet est fort incertain. Il ne faut pas espérer que les avis des gouvernements soient unanimes. Les divergences de vues, qui se sont produites au sein de la Commission, vont sans doute reparaître dans les réponses officielles. Les États de l'Amérique latine ont fait valoir que leurs armements n'atteignaient même pas le minimum compatible avec la sécurité de leur pays. Pouvait-il être question de les « réduire », et ne valait-il pas mieux parler de les « limiter » ? Le délégué de la Hollande était hostile au principe même du traité, tandis que les délégués scandinaves, rejoints, sur certains points, par les représentants de l'Italie et de l'Espagne, se déclaraient hostiles aux accords défensifs particuliers. Les délégués de la Hongrie, ceux de quelques États baltiques invoquaient des situations spéciales et demandaient des dispositions qui y fussent adaptées. Au milieu de ces difficultés, c'est la Délégation française, appuyée par la Grande-Bretagne et la Petite Entente, qui a entraîné la majorité ; c'est elle qui a fait adopter le principe d'une réduction des armements « proportionnée » aux garanties de sécurité « préalablement » établis, et fait triompher la thèse des accords défensifs particuliers.

A côté de ces objections politiques, le projet de traité connaîtra aussi la difficulté de formuler une définition pratique du « cas d'agression ». Le Comité auquel la Commission temporaire mixte avait renvoyé l'étude de cette question, en a fort bien montré la complexité. La mobilisation des ressources en hommes, la violation de frontière ne sont plus des critères suffisants. La mise en route de fabrication de guerre, la constitution de stocks de matières premières sont des indices plus importants, pour « caractériser sûrement l'intention agressive », mais qui prêteront toujours à des discussions et à des interprétations. La marge d'appréciation, qui appartiendra au Conseil de la Société des nations, restera toujours très large, quoiqu'on fasse. Il n'est même pas certain que l'on puisse s'entendre, aisément, sur les directives qu'il aurait à suivre.

Et pourtant, l'œuvre que vient de réaliser la Commission temporaire mixte de la Société des nations n'est pas une œuvre vaine. Les discussions, qui se sont poursuivies, à titre personnel, entre ses membres, ont dissipé les nuages, et mis, en pleine clarté, les éléments d'une solution efficace. Elles ont montré qu'une promesse d'assistance n'avait de valeur pratique que si elle était basée sur des conventions précises, sur un plan de coopération « préétabli ». Elles ont prouvé qu'un engagement de cette sorte n'était pas possible entre trente nations, dispersées à travers le monde. Elles ont suggéré de fonder un pacte général sur des accords particuliers, les seuls qui puissent offrir autre chose qu'une garantie illusoire.

Ces données-là sont justes : aujourd'hui, la guerre met en jeu toutes les ressources d'une nation. Croit-on vraiment qu'un Etat, qui s'engagerait dans un traité général d'assistance, se déciderait, le jour venu,

*a faire cet effort immense, en faveur d'un pays loin-
tain, auquel il ne se sentirait lié par aucun intérêt
direct ? Ce sont des illusions qu'il vaut mieux perdre.*

*Ces données-là sont neuves aussi. Les accords par-
ticuliers ne seraient pas un simple retour au vieux
système d'alliances, tel qu'il existait avant 1914. Ils
seraient enregistrés par la Société des nations, examinés par le Conseil. Ainsi, les principes de la nouvelle Europe seraient respectés.*

*Il ne faut pas oublier que ces jalons, c'est la
France, qui, plus que toute autre nation, vient de
contribuer à les poser (1).*

(1) Le rôle de la délégation française vient d'ailleurs d'être
exposé par l'un de ses membres, M. le lieutenant-colonel
Réquin, dans la *Revue Militaire Française* (numéro du 1ᵉʳ novembre 1923, pages 226 et ss.)

CONCLUSION

Les documents qu'on vient de lire auront peut-être paru un peu arides au lecteur.

C'est cependant à dessein que nous nous sommes abstenus de les entourer de longs commentaires.

Il nous a paru que pour conserver à ce recueil le caractère que nous nous étions promis de lui donner, il était indispensable de nous borner à relier les textes les uns aux autres par de courtes indications de fait, et d'y ajouter de brèves références. Mais autant nous nous serions fait scrupule d'exprimer une opinion personnelle dans un opuscule destiné à épargner aux historiens, comme aux hommes politiques, de longues et difficiles recherches, autant nous nous croyons autorisés, maintenant que nous sommes arrivés au terme de notre travail, à dégager de tous ces documents les conclusions qui s'imposent à tout esprit impartial.

La France avait espéré que la guerre aurait deux sanctions : l'une destinée à enrayer le goût des aventures militaires chez les peuples, en mettant à la charge de ceux d'entre eux, qui avaient déchaîné la catastrophe de 1914, la réparation des dommages causés par cette catastrophe, et l'autre destinée à conjurer le retour de pareils maux, par un pacte solennel d'alliance défensive entre les nations qui avaient ensemble victorieusement défendu la cause du Droit.

Or, sur ces deux points, elle n'a eu que déceptions sur déceptions. Pas plus sur le problème de la sécurité que sur le problème des réparations, les engagements pris envers la France n'ont été tenus.

Qu'elle soit, après cela, quelque peu inquiète de l'avenir, qui donc pourrait, en toute bonne foi, s'en étonner?

La sécurité de la France pouvait être assurée soit par une forte organisation internationale, soit par une garantie matérielle et territoriale.

La délégation française à la Conférence de la Paix a vainement essayé de recourir à l'un et à l'autre système.

Société des Nations? Il fallait alors que les États contractants pussent disposer d'une force militaire commune, qu'ils fussent capables de donner une protection efficace à leurs associés, et de faire exécuter leurs arrêts. Le projet que M. Léon Bourgeois avait déposé devant la Conférence de la Paix n'avait pas d'autre but. M. Lloyd George et M. Wilson l'ont fait écarter immédiatement. Quels que soient les motifs qui les aient inspirés, les hommes d'État anglo-américains ont donc abouti à ce résultat de construire une noble façade, sans l'étayer sur des fondations solides.

Garantie territoriale ? Il était possible — en répudiant toute idée d'annexion – de faire fixer au Rhin la frontière occidentale de l'Allemagne et d'assurer la garde permanente de cette frontière par des contingents interalliés.

Les efforts de la délégation française, en ce sens, se sont heurtés à une résistance tenace. Indépendamment de toute considération de principe, il est évident que les motifs qui avaient conduit les Anglais et les Américains à refuser de doter la Société des nations d'une force internationale à laquelle ils eussent dû fournir des contingents, devaient les empêcher de souscrire à toute idée de *collaboration* militaire indéfinie avec d'autres peuples.

C'est alors que les délégations amies ont offert à la délégation française un *traité de garantie* : « Renoncez à détacher la rive gauche du Rhin de l'Allemagne, nous ont-elles dit ; contentez-vous d'une occupation temporaire, qui gagera le paiement des réparations, et n'ayez plus le souci de votre sécurité. Ce sont les États-Unis et la Grande-Bretagne qui en prennent la charge ; elles s'engagent à vous venir en aide, en cas d'agression allemande ! »

Que valait ce pacte ? Quelle garantie effective apportait-il à la France ? M. Wilson l'a dit lui-même, il ne constituait qu'une garantie « morale ». Et encore faut-il remarquer que la formule « agression non provoquée », pour usitée qu'elle soit dans les chancelleries, pouvait donner lieu à des interprétations de nature à restreindre la portée de l'engagement.

La France pourtant était disposée à se contenter de ces traités. A la garantie « tripartite », elle a accepté de confier la protection de sa frontière. Elle avait pleine confiance dans ces promesses ; et ces promesses n'ont pas été tenues.

En face de cette carence, la France cherche les raisons de son isolement : On lui reproche aujourd'hui d'avoir une armée forte ; on croit la voir travailler, sur la rive gauche du Rhin, à une œuvre d'annexion. La France aurait une politique égoïste ! Oublie-t-on ce qui s'est passé au lendemain du traité de Versailles ? Six mois ne s'étaient pas écoulés que déjà les Sénateurs américains désavouaient le président Wilson, rejetaient les bases du pacte de la Société des nations, et ne prenaient même pas la peine de discuter le traité français.

C'étaient les traditions de la politique américaine qu'ils croyaient défendre. Jamais les États-Unis n'avaient voulu s'engager dans l'imbroglio des affaires européennes ; la Grande

Guerre les y avait attirés, pour un moment ; mais les difficultés même du règlement de la paix montraient assez qu'il ne fallait pas prolonger l'expérience. Quel intérêt pouvaient avoir les Américains à garantir le statut territorial de l'Europe centrale, à protéger les frontières de la Tchéco-Slovaquie ou de la Pologne, de la Roumanie ou de la Yougoslavie ? C'était aussi la doctrine constitutionnelle que certains d'entre eux voulaient maintenir. Ils reprochaient au Président ses initiatives, sa politique personnelle, poursuivie en dehors de toute approbation du Sénat, sa méthode de travail, qui avait relégué à l'arrière-plan, pendant les débats de la Conférence, l'avis des experts qualifiés et l'opinion du Secrétaire d'État des Affaires étrangères. Ainsi, l'ampleur des problèmes que posait la vie internationale dépassait et déconcertait l'opinion parlementaire. Elle pouvait encore moins toucher l'esprit de ces foules immenses, qui ignorent tout de l'Europe.

Les Anglais, après avoir voté le traité et acclamé la promesse, usaient pourtant de leurs droits. M. Lloyd George avait eu soin de lier l'exécution de la garantie anglaise à la mise en vigueur du traité franco-américain ; il n'avait pris qu'un engagement *sous condition* ; peut-être avait-il voulu se ménager ainsi un moyen de pression sur la politique française, et garder l'occasion de proposer à la France des négociations nouvelles, qui auraient impliqué de notre part de nouvelles concessions ? A la Chambre des Communes, personne ne songeait sérieusement à tirer le Traité de son sommeil.

En refusant de garantir le nouveau statut territorial, l'Angleterre et les États-Unis ne nous ont-ils pas contraint à assurer, par nos moyens propres, la sécurité de notre frontière ? Pourvue des « garanties » promises, la France aurait pu diminuer son effort militaire : privée de ces « garanties », elle dût le prolonger.

Retenons-le, d'ailleurs. Personne n'a contesté sérieusement la sincérité de nos craintes et le bien-fondé de nos revendications. La « sécurité de la France » reste un problème angoissant. Depuis trois ans, à plusieurs reprises, des offres et des initiatives ont cherché à le résoudre, vainement ; le projet, qui nous apporterait une tranquillité réelle, fondée sur des engagements certains et sur des garanties efficaces, n'a pas encore été tracé.

Le gouvernement anglais, après une longue attente, avait songé, dans le courant de 1921, à reprendre l'idée d'un pacte de garantie ; ce sont ces velléités qui ont abouti aux propositions de Cannes.

Un pacte franco-anglais, *limité à dix ans seulement*, aurait comporté de la part de l'Angleterre un engagement de venir au secours de la

France en cas d'attaque allemande, en échange d'une collaboration plus étroite de la politique française avec la politique britannique en Orient. Ainsi l'alliance n'était ni égale, ni réciproque ; elle nous offrait une protection temporaire, qui cesserait précisément à l'heure où l'Allemagne pourrait redevenir dangereuse pour nous ; elle impliquait une sorte de subordination politique, une manière de tutelle. Or, la France considère qu'à sa propre sécurité est liée la tranquillité de toute l'Europe : elle n'a pas à faire seule les frais d'un accord auquel d'autres sont intéressés comme elle.

A la veille de l'occupation de la Ruhr, le gouvernement allemand a fait une large publicité autour d'une proposition, qui était en réalité une manœuvre politique. Un pacte rhénan aurait été conclu, sous la garantie d'une tierce puissance, en l'espèce les États-Unis ; il aurait eu une durée de trente ans. Mais cet engagement mutuel de « non-agression » avait un correctif singulier : il suffisait d'un plébiscite pour que les gouvernements pussent s'en affranchir. Hélas ! il n'est pas nécessaire d'avoir une longue expérience pour retrouver, dans le passé de l'Allemagne, des exemples trop probants : une campagne de presse peut avoir vite fait d'exciter un peuple, où l'esprit de docilité et le goût d'obéir aux mots d'ordre n'ont pas disparu.

La France ne pouvait donc accepter d'envisager un projet de ce genre ; elle comprenait aussi que cet empressement de l'Allemagne à proposer un engagement *mutuel* visait seulement à détourner le coup, à protéger la Ruhr ; elle n'avait aucune raison de croire que le gouvernement américain fût décidé à donner une garantie effective et pratique.

La Société des nations, après de longues études, vient enfin d'aborder la question de la sécurité : elle veut lui donner une solution internationale, qui s'adapte, non pas seulement aux préoccupations de la France, mais à celles de tous les peuples.

Dans un rapport déjà célèbre, lord Robert Cecil a reconnu, en septembre 1922, qu'il serait vain de demander à une nation de désarmer, sans lui assurer au préalable la sécurité de ses frontières : C'est dans un engagement réciproque, c'est dans la sanction collective d'une garantie internationale qu'il en voit le moyen. Mais il comprend maintenant que cette garantie serait inopérante si elle n'était fondée sur des accords militaires particuliers. Par un juste retour, ce sont des idées françaises, des projets français qui sont à la base de ces délibérations. Mais encore faudra-t-il que se nouent les ententes défensives prévues dans le projet établi par la troisième Commission de la

Société des nations et que ces ententes réalisent les conditions pratiques d'une assistance efficace.

Qui sait, d'ailleurs, si tous les gouvernements se rallieront aux principes qui ont prévalu à Genève ? Les réserves faites par certains de leurs délégués devant la Commission de la Société des nations, en septembre dernier, donnent à penser, en tout cas, que de longues années se passeront encore avant que des traités aient sanctionné ces principes, et réalisé les ententes particulières qui peuvent leur donner une valeur réelle.

Le problème reste donc ouvert. Il le reste d'autant plus que les événements qui se déroulent en Allemagne montrent que celle-ci n'a pas désarmé moralement.

On dit volontiers que c'est notre intransigeance vis-à-vis d'elle qui est la cause première des inquiétants symptômes que constituent les meurtres d'Erzberger et de Rathenau, les événements de Bavière, et tant d'autres incidents qu'il est superflu de rappeler. La vérité est pourtant que cette intransigeance n'a été que la conséquence de l'abandon dans lequel la France a été laissée par ses alliés.

Du moment qu'elle n'avait plus à compter que sur elle-même pour assurer ses droits, elle devait forcément, de quelque manière qu'elle les exerçât, concentrer sur elle toute la haine de l'Allemagne.

C'est ce qui s'est passé lorsqu'il s'est agi, en 1920, de faire respecter la clause du traité de Versailles, qui interdisait à l'Allemagne d'envoyer des troupes dans une zone de 50 kilomètres à l'est de la ligne du Rhin. C'est ce qui s'est passé, lorsqu'il s'est agi de savoir si la Pologne ne serait pas frustrée, au lendemain du plébiscite organisé en Haute-Silésie, des territoires que les résultats de ce plébiscite devaient équitablement lui faire attribuer. C'est ce qui s'est passé encore, lorsqu'il s'est agi de donner à la mission de contrôle, que préside le général Nollet, des pouvoirs d'investigation lui permettant de s'assurer que l'Allemagne ne cachait pas ou ne fabriquait pas clandestinement du matériel de guerre.

Sur tous ces points, qui intéressaient sa sécurité, la France s'est heurtée, non pas simplement à l'indifférence, mais à l'opposition de l'Angleterre.

Comment l'Allemagne n'aurait-elle pas vu dans cette attitude la confirmation des espérances qu'avait fait naître en elle l'abandon du traité de garantie ? Et comment ces espérances ne l'auraient-elles pas conduite à prendre en toute matière vis-à-vis de la France une position qui devait inévitablement amener celle-ci à se montrer plus méfiante et plus rigoureuse ?

On peut dire que si le problème des réparations a aussi gravement troublé le repos de l'Europe, c'est que le problème de la sécurité avait été laissé, dès l'origine, sans solution.

C'est cette faute initiale qui pèse sur les destinées du monde. C'est elle qui empêche les peuples de connaître la paix, la vraie paix, celle à laquelle ils aspirent depuis si longtemps.

Or, cette faute, nous le demandons en toute sincérité, est-ce la France qui l'a commise ? Peut-on l'en tenir pour responsable ?

Ce qu'elle réclamait, c'était que la guerre fût la dernière des guerres.

Elle le réclame toujours ; elle le réclamera sans cesse.

Pour garantir sa sécurité, c'est-à-dire la paix de l'Europe, il faut un engagement précis, qui ne permette ni hésitation, ni équivoque. Il faut que cet engagement ne donne à aucune puissance un rôle d'arbitre ou de protecteur. Il faut enfin que la question soit traitée en elle-même et pour elle-même, sans comporter de marchandages ou de concessions dans un autre domaine. Voilà pour l'opinion française les données essentielles du problème.

Un jour ou l'autre, l'opinion du monde finira bien par lui donner raison.

TABLE DES MATIÈRES

Paris. — Imprimerie G. Piequoin, 53, Rue de Lille.

SOCIÉTÉ DE L'HISTOIRE DE LA GUERRE

Ouvrages publiés sous les auspices de la Société

Introduction aux Tableaux d'Histoire de Guillaume II, par MM. Charles Appuhn et Pierre Renouvin. Avant-propos de M. Raymond Poincaré. 2 volumes in-4º (23×28), sur alfa blanc.

Catalogue du fonds allemand de la Bibliothèque-Musée de la Guerre, par M. Jean Dubois, conservateur, avec la collaboration de M. Charles Appuhn, agrégé de l'Université, chef de la section allemande à la Bibliothèque. 4 volumes in-8º, soit 1350 pages, environ à double colonne.

Joffre et Lanrezac, par M. Jules Isaac, professeur au Lycée Saint-Louis.

Ouvrages en préparation

Recueil de documents sur l'histoire de la question des réparations, par M. Germain Calmette, diplômé d'études supérieures, attaché au service de documentation de la Bibliothèque-Musée de la Guerre. 1 vol. in-8º, de 450 pages environ.

Catalogue du fonds italien de la Bibliothèque-Musée de la Guerre, par M. Paul-Henri Michel, chef de section à la Bibliothèque. 1 vol. in-8º, de 400 pages environ, à double colonne.

La Campagne innocentiste en Allemagne, par le Dr Richard Grelling. 1 vol. in-16.

La Société publie trimestriellement, depuis Avril 1923, **la « Revue d'Histoire de la Guerre Mondiale ».**

Paris. — Imprimerie G. Picquoin, 53, Rue de Lille.